曾胡治兵语录

蔡锷◎编著

东篱子◎编译

全鉴

中国纺织出版社有限公司　国家一级出版社
全国百佳图书出版单位

内 容 提 要

《曾胡治兵语录全鉴》是由近代爱国军人蔡锷辑录而成，全书 14000 余字，共 12 章。脉络清晰地展示了曾国藩、胡林翼的治兵方略、用兵战术及军事思想，是我国军事史上有着重要价值与地位的一部著作。为便于阅读，本书对原文进行了注释与解译。另曾胡二公距今已一个多世纪，而本书中所涉人物关系与时代背景，当下读者或许已不甚详熟，故本书在编写过程中，特补加曾国藩、胡林翼、蔡锷三人的《小传》以为后记，以助于读者对本书进一步理解。

图书在版编目（CIP）数据

曾胡治兵语录全鉴 / 蔡锷编著；东篱子编译. --北京：中国纺织出版社有限公司，2020.11
ISBN 978-7-5180-7925-4

Ⅰ.①曾… Ⅱ.①蔡…②东… Ⅲ.①曾国藩（1811-1872）—语录②胡林翼（1812-1861）—语录③兵法—中国—清后期 Ⅳ.①Z425.2②E892.52

中国版本图书馆CIP数据核字（2020）第184034号

责任编辑：段子君　责任校对：高 涵　责任印制：储志伟

中国纺织出版社有限公司出版发行
地址：北京市朝阳区百子湾东里 A407 号楼　邮政编码：100124
销售电话：010—67004422　传真：010—87155801
http://www.c-textilep.com
E-mail：faxing@c-textilep.com
中国纺织出版社天猫旗舰店
官方微博http://weibo.com/2119887771
佳兴达印刷（天津）有限公司印刷　各地新华书店经销
2020 年 11 月第 1 版第 1 次印刷
开本：710×1000　1/16　印张：20
字数：184 千字　定价：48.00 元

凡购本书，如有缺页、倒页、脱页，由本社图书营销中心调换

　　《曾胡治兵语录全鉴》是一本语录体兵书。蔡锷于1911年夏完成，全书共12章。本书各章分设四个部分：导读，对该章内容进行提纲挈领的概述；原文及注释，收录《曾胡治兵语录》原文，对原文难解字词进行释解；译文，对原文进行白话文解读翻译；故事链接，分享与该章内容相关的故事，以帮助读者更好地理解原文的思想。

　　全书依次分为，《将才》《用人》《尚志》《诚实》《勇毅》《严明》《公明》《仁爱》《勤劳》《和辑》《兵机》《战守》共12章，几近囊括曾国藩、胡林翼的战略、战术及军事思想，蔡锷于每章均附按语。

　　《将才》与《用人》两章，分别主要论及高级将领所需具备的道德素质和中下级军官的选拔、培养。这两章虽是论述军官武人，实则同于儒家士大夫之正心、修身。盖因晚清社会腐化、政治糜烂之风日盛，军队也不例外。先是八旗，后是绿营，均已腐败不堪，将贪兵弱，军纪松弛，竟无一毫战斗欲望与力量。正是意识到这一点，曾胡二人治兵先治人心，重视为将者之道德素质，提出"求将之道，在有良心，有血性"一说。蔡锷将此部分置于首章与次章，自然也是赞同、推崇这点的。至于下级军官乃至兵卒，则更注重培养，而非如求将那般优先注重自身品质。

实际上，对于人心、道德的重视，贯穿曾胡二人昔日身体力行之治兵始终，自也贯穿本书之始终。这也是曾胡二人治兵的特点，以儒家伦理忠义激发、驱动己身之良心、血性，以己身之良心、血性驱动己身之作为。心不正，则身不修；身不修，则事难成。

《尚志》《诚实》《勇毅》三章，皆论及军人之修养素质。"凡人才高下，视其志趣。"曾胡二人认为，人需有远大志向。身为统兵将官，纵不能淡泊名利，亦不能钻营爵禄，蝇营狗苟。正如胡林翼所说"不患愚民难治，而在士大夫好利忘义"。因而，曾胡特别重视人品质朴、诚实，提倡有血性之浩然大勇。

《严明》《公明》《仁爱》《勤劳》《和辑》五章，皆论及平时练兵的方略原则。军纪严明，如"号令未出，不准勇者独进；号令既出，不准怯者独止"。赏罚分明，如"举人不能不破格，破格则须循名核实"。以仁爱待兵，如"待弁兵如待子弟之心"。举措得当，如"百种弊端，皆由懒生。祸机之发，莫烈于猜忌，此古今之通病"。

《兵机》《战守》两章，皆论及用兵及攻防。既有具体的战术布置，如"悬军深入而无后继，是用兵大忌""扎营宜深沟高垒"；又有战略上的概括，如"有不可战之将，无不可战之兵""军旅之事，守于境内，不如战于境外"。

纵观曾胡二人语录，就会发现太多相似之处。选人、用人，及带兵、人才培育，无不依仗儒家忠义与伦理道德；用兵及攻守方略、战术，亦无不脱胎于古之军事成法。故二人别于他人而终成一番功业，其事理则自在其中。这也是蔡锷撰写《曾胡治兵语录》的缘由。

蔡锷萌生整理编纂《曾胡治兵语录》原因有二：一则他认可曾胡二人的儒学立身与所立功业；二则曾胡二人去日未远，昔日之时局颇与蔡锷之时相仿，且二人之作为大都在于武功，正可为当下军人所效仿。

曾胡发际之日，正值太平军崛起之时，东南十余省尽数沦陷。外有列强蚕食，内有战乱不断，国家朝不保夕。曾胡二人本一介书生，凭一腔热血弃文从戎，挽救危难。其间遭遇种种不堪，几不自保，然终将统兵、战阵等军事才能发挥到极致，援民众脱于水火，使国家免于割裂。

1911年（宣统三年）中国已然内忧外患风雨飘摇，清政府于外无力抗衡列强，于内无策安民乐业，救国之声此起彼伏。是年四月，广州同盟会起事，后又逢英军侵入云南片马地区，当时蔡锷应云贵总督李经羲之邀，任云南新军十九镇协统。十九镇统制钟麟同命蔡锷准备一番军人精神的讲话，蔡锷遂起意编纂，以呼吁同辈军人奋起为国。

《曾胡治兵语录》成书于1911年夏，当时并未流行于世，而仅作为教材。1917年，蔡锷去世一年后，上海振武书局首次公开印行，梁启超为之作序。此后，该书才广播于世人，20世纪90年代后，更是衍生诸多版本，被后人推为中国历史"十大兵书"之一。

解译者

2020年5月

◎ 梁启超序 / 1
◎ 蔡锷序 / 5

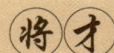 第一章 将才

◎ 得车千乘，不如闻烛过一言 / 13
◎ 曾国藩受骗 / 18
◎ 吴起吮疽 / 22
◎ 孔子不用暴虎冯河 / 23
◎ 曹操割发代首 / 28
◎ 用兵奇正与宋襄公泓水之战 / 30
◎ 鲁仲连收复聊城 / 31

第二章 用人

◎ 用人以能的风险 / 44
◎ 窦婴舍金与楚灵王丧身 / 49

第三章　尚志

◎ 韩信甘受胯下之辱 / 59
◎ 公孙鞅劝说秦孝公 / 61
◎ 文天祥以受正命为志向 / 64

第四章　诚实

◎ 戚继光选兵 / 76
◎ 燕国背信弃义自取其辱 / 83
◎ 赵襄子学驾车 / 88

第五章　勇毅

◎ 狼瞫勇武而守大义 / 99
◎ 城濮之战 / 105

第六章　严明

◎ 一碗羊肉断送了一场战争 / 119
◎ 周亚夫治细柳营 / 124

第七章　公明

◎ 曹丕羞辱于禁 / 137
◎ 诸葛瑾非道不行，非义不言 / 141

第八章　仁爱

◎ 秦昭王不救济饥民 / 151
◎ 王莽以恩惠笼络人心的结局 / 156

第九章　勤劳

◎ 萨尔浒战役 / 167
◎ 曾国藩反感纸上谈兵 / 173

第十章　和辑

◎ 曾国藩与李元度的恩恩怨怨 / 184
◎ 没有主帅，唐军惨败安阳 / 189

第十一章　兵机

◎ 曾国藩与沈葆桢 / 207

◎曾国藩抗命 / 220

第十二章　战守

◎陆抗取西陵 / 232
◎反客为主　攻克安庆 / 238

◎后记 / 248
◎谋国有忠，知人有明——曾国藩小传 / 248
◎从豪杰到圣贤的胡林翼——胡林翼小传 / 276
◎平生慷慨班都护，万里间关马伏波——蔡锷小传 / 291

◎参考文献 / 309

梁启超①序

　　松坡②既死于国事，越一年，国人刊其遗著《曾胡治兵语录》行于世。世知松坡之事功，读此书，可以知其事功所由来矣。自古圣贤豪杰，初未尝求见事功于当世也。惟其精神积于中，著于外，世人见之，以为事功耳。阅世以后，事功或已磨灭，而精神不敝③。传之后世，遭际时会，此精神复现为事功焉。松坡论曾、胡二公④之事功，谓其为良心血性二者所驱使，则松坡之事功，亦为此良心血性所驱使而已。曾、胡二公，一生兢兢于存诚去伪，松坡于此，尤阐发不遗余力。精神所至，金石为开，二公屡言之，松坡亦屡述之。二公之言，不啻⑤诏示松坡，使其出死生，冒危难，掬⑥一诚以救天下之伪。则虽谓松坡之事功，皆二公之事功可也。松坡自谓身膺⑦军职，非大发志愿，以救国为目的，以死为归属，不足渡同胞于苦海，置国家于坦途。今松坡得所归矣，而救国志愿，曾未达其万一。护国军之起，仅使民国生死肉骨，如大病方苏，元气已伤，将养扶持，所需于事功者，正复无限。来者不可见，惟恃此耿耿精神，常留存于吾国民隐微之间，可以使曾、胡复生，使松坡不死，以解除日后之千灾百难，超苦海而入坦途。而此语录十余章，实揭吾国民之伟大精神以昭兹来许⑧者也。

民国六年四月新会梁启超序

【注释】

①梁启超（1873—1929）：字卓如，号任公，别号饮冰室主人等，广东新会人。中国近代知名学者、思想家、文学家。少小聪慧，8岁学文，12岁中秀才，17岁中举，后投师康有为，两人后来推动戊戌变法，时称"康梁"。1897年，梁启超任湖南时务学堂中文总教习，这一年，15岁的蔡锷考入时务学堂，从而与蔡锷有师生之谊，并深得梁启超赏识。戊戌变法失败后，梁启超逃亡日本，创办《新民丛报》等继续鼓吹革新立宪，蔡锷时常在《新民丛报》撰稿。辛亥革命后，袁世凯独裁面目渐露，梁启超与蔡锷相谋反袁。学术上，梁启超博学且多有建树，被公认为是清末优秀的学者，中国历史上一位百科全书式人物，在哲学、文学、史学、经学、法学、伦理学、宗教学等领域成就显著，尤以史学突出，主要著作被收入《饮冰室合集》。

②松坡：即蔡锷（1882—1916），原名艮寅，字松坡，湖南邵阳人。近代爱国将领。1911年10月30日，在云南昆明领导了推翻清朝统治的新军起义。1915年，宣布云南独立，组织护国军，发起反对袁世凯的护国战争。其遗著被编为《蔡松坡先生遗集》。

③敝：衰败。

④曾、胡二公：即曾国藩和胡林翼。曾国藩（1811—1872），初名子城，字伯涵，号涤生。湖南湘乡人。晚清时期理学家、政治家、军事家、理学家。晚清中兴名臣，湘军统帅和创立者之一，近代洋务

运动的发起者。官至两江总督、直隶总督、武英殿大学士，封一等毅勇侯，谥号"文正"，后世称"曾文正"。胡林翼（1812—1861），字贶生，号润芝，湖南益阳人，官至湖北巡抚，加太子太保衔，给骑都尉世职，谥号"文忠"。晚清中兴名臣，湘军重要首领。与曾国藩并称"曾胡"。

⑤不啻（chì）：无异于。诏示：明白地表示或宣布，此处意为启迪，教导。

⑥掬（jū）：双手捧，此有奉献之意。

⑦膺（yīng）：接收，担任。

⑧揭：揭示，彰显。昭兹来许：昭示激励后辈。语出《诗经·大雅·下武》："昭兹来许，绳其祖武。"

【译文】

松坡为国身死，一年后，国人将其遗著《曾胡治兵语录》刊印发行。世人都知道松坡的事业功勋，读了这本书，则可尽知他得以建立功勋的根由了。自古以来的圣贤豪杰，起初并未有刻

意建立功业显达于当世的念头。只是他们的精神充沛于心胸，心虽不求而身却为之了，功业自也显于身外，才被世人看作是他们的事业功勋。沧海桑田，世事变迁，他们的功业或已消失殆尽，可其精神却能经世不衰。这样的精神传之于后世，恰逢时机，则必将催生新的功业。松坡论及曾、胡二公的事业功勋，认为二公所为是良心与血性所驱使，实则松坡的事业功勋亦为良心与血性所驱使啊。曾、胡二公毕生致力于固守信实，革除不实之伪，在这方面，松坡的践行更是不遗余力。"精诚所至，金石为开"，曾、胡二公治兵多有谈及，松坡也屡屡阐发其要义。二公所言，无异于启迪着松坡，使他能够出生入死，甘冒危难，献一己之笃诚，挽天下之伪作。从这个意义上来说，松坡的事业功勋，也就是曾、胡二公的事业功勋。松坡自称，既已身负军职，若不树立宏大志愿以挽救国家危局、视死如归，则不能救同胞于水火，亦不能置国家于坦途。而今，松坡已经故去，而他救国志愿的实现尚不及万一。松坡率军讨贼护国功成，仅仅使中华民国起死回生而已，如大病初愈，元气大伤，需要休养、扶持，正需要建立功业的人大显身手。未来之事难以预料，只能依赖这种耿耿赤子之精神，能恒久地留存在国人心中，如此，方可使曾、胡二公思想重现，使松坡精神不死，使国家民族脱离苦难，步入坦途。这十余章治兵语录，确实是彰显我国人之伟大精神，以昭示后人奋发图强之至理名言啊。

蔡锷序①

辛亥②之春，余应合肥李公③之召，谬参戎职④。时片马⑤问题纠葛方殷，瓜分之谣诼⑥忽起，风鹤⑦频惊，海内骚然。吾侪⑧武夫，惟厉兵秣马，赴机待死已耳，复何暇从事文墨，以自溺丧？乃者统制钟公⑨有嘱编精神讲话之命，余不得不有以应。窃意论今不如述古；然古代渺矣，述之或不适于今。曾、胡两公，中兴名臣⑩中锋佼⑪者也。其人其事，距今仅半世纪，遗型不远，口碑犹存。景仰想象，尚属匪难。其所论列⑫，多洞中窾要，深切时弊。爰⑬就其治兵言论，分类凑辑，附以按语，以代精神讲话。我同袍⑭列校，果能细加演绎⑮，身体力行，则懿行嘉言⑯，皆足为我师资⑰，丰功伟烈，宁独让之先贤？

宣统三年季夏，邵阳蔡锷识于昆明

【注释】

①蔡锷序：宣统三年（1911）春，云贵总督李经羲调任蔡锷为云南新军第19镇37协协统。《曾胡治兵语录》便是这年夏天写成的。

②辛亥：指1911年，即宣统三年。

③李公：即李经羲（1860—1925），安徽合肥人。李鸿章三弟李鹤

章之第三子，时任云贵总督。光绪二十七年（1901）起，历任广西巡抚、云南巡抚、署贵州巡抚、云贵总督等职。于蔡锷有知遇之情，光绪三十年（1904）请蔡锷入滇，委以重任且信任有加，即便蔡锷革命活动已显，仍赞助其500银元。辛亥革命时，蔡锷亲送其及家人离滇，并命士兵一路护送至上海。宣统三年任职云贵总督后，更是力排众议调任蔡锷至云南为协统。

④谬参戎职：即当时云贵总督李经羲调任蔡锷为37协协统一职。谬，本意为错误的，不合理的。此为自谦之词。

⑤片马：即1910年至1911年初，英侵缅军队占领中国云南片马地区事件。早在19世纪末，英侵缅军队就进入片马地区，当时清政府态度强硬，英军没得逞。后来清政府政权摇摇欲坠，英军趁机占领片马地区。

⑥谣诼（zhuó）：造谣毁谤，此指代谣言。屈原《离骚》"众女嫉余之蛾眉兮，谣诼谓余以善淫。

(那些女人妒忌我的丰姿，造谣诬蔑说我妖艳好淫)"。

⑦风鹤：即风声鹤唳，语出《晋书·谢玄传》："闻风声鹤唳，皆以为王师已至。"形容极度紧张，到了自相惊扰的程度。此处用来比拟当时中国内忧外困风雨飘摇的局面。

⑧侪（chái）：同辈，或同类的人。此处为后者。

⑨钟公：即钟麟同，时任十九镇统制。辛亥革命中，被起义部下所杀。

⑩中兴名臣：晚清中兴名臣，今有不同说辞，且喜好以数字冠之，称为晚清中兴"四大名臣"。一说为曾国藩、左宗棠、李鸿章、张之洞；另一说为曾国藩、左宗棠、胡林翼、彭玉麟。蔡锷此言，似证后者之说。

⑪锋佼：出类拔萃。锋，带头于前之人。佼，美好、突出之人。

⑫论列：论述，此处为动词用作名词。语出《汉书·司马迁传》："论列是非，不亦轻朝廷，羞当世之士邪？"

⑬爰（yuán）：于是，乃。语出《诗经·魏风·硕鼠》："乐土乐土，爰得我所。"

⑭同袍：此为同军军官。语出《诗经·秦风·无衣》："岂曰无衣，与子同袍。王于兴师，修我戈矛，与子同仇。"后军人用以互称。

⑮演绎：根据事理推广发挥，理出头绪。此为用心揣摩曾胡二公的论述，以有心得。

⑯懿行嘉言：指有益的言论和高尚的行为。出自《朱子全书·学五》："见人嘉言善行，则敬慕而记录之。"懿、嘉，都是德行美好

之意。

⑰师资：此为效法之意。资，借鉴之意。

【译文】

旧历辛亥年春，我应（云贵总督）合肥李公经羲邀请，荣幸来滇任职（新军第十九镇第三十七协协统）。当时英军入侵片马事件正闹得厉害，列强瓜分中国的谣言骤烈，国内已是风声鹤唳，人心惶惶。（此危急之秋）我等身为军人，唯有厉兵秣马，奔赴疆场，以死报国，别无他途，哪有时间舞文弄墨，沉溺其中而忘却自己的志向？实在是十九镇统制钟公麟同有令，命我编写一个军训时讲话精神的文稿，我不得不应命行事罢了。我私下以为，论今不如述古，然古代之人事又过于渺远，其人其事未必合乎今日之实际。曾文正、胡文忠二公，乃中兴名臣之翘楚。他们的为人行事，至今不过半个世纪而已，他们的风范足为我等楷模，且口碑不衰。仰慕揣度二公行事之法，尚不算太难。他们关于时局细务的论述，也洞中要害，深切时弊。于是，我就把他们治兵的言论分门别类，凑辑成册，后面附加我自己的按语，用来作为军训精神的讲话。我等军中同人，如果能够用心揣摩有所心得，而后身体力行，则曾、胡二公之所言所行，都足以为我辈效法，果真若此，我辈的丰功伟绩又岂少于二公先贤？

第一章　将才

【导读】

本章虽是论及将才的择用，却实为本书通篇之纲。天下强兵在将，而将之所强在于本心。故本章主要论及为将者所需道德品质，如良心、血性；如英勇、廉洁；如浩然正气与意志。却也不泛泛而谈，而是有概括有详细，如治民、不畏死、不急于名利；如身体健康、能耐劳苦；如军纪严明、赏罚不滥。

曾胡二人虽有大武功、大功业，然二人皆为一介儒生，且皆为翰林，儒家修养早已深入心肺。观其治军心法，无不见儒学痕迹。纵时局危急，二人亦自革旧布新，所为所能多于兵事，然其兴军用人之法，无不脱胎于儒家之修养功夫。

再则，当时清政府已无力承担军饷，曾胡治兵所需军饷几乎全赖自筹，纵然如此，断饷也是常有之事，欲其二人建立现代之军事制度，统兵完全以现代制度约束上下，则是诽人以其所不能。既然如此，下级于上级之服从命令听指挥，上级于下级之信任，则不得不落脚于门生、联姻、乡人、故旧等伦理关系。这也是曾胡二人重视以儒家道德为标准择将的现实原因。

依赖私人关系，而非制度程序控制军事或局势，这并非始于曾胡二公，明朝内阁首辅遥控全国局势时，亦多有采用，如张居正之于戚继光，甚至张居正新政的推行，所依赖的皆是门生故吏姻亲乡党此类私人关系。后来袁世凯编练新军，其所能掌控大局依赖的依然是私人关系。因为当时的情势实在不足以建立现代制度，勉强用现有制度往往不但不能见其功，反而受其害。制度程序不可靠，人的因素就变得越发重要。曾胡二公正是意识到这一点，特别强调为将者的心地。蔡锷辑录成册，也将"将才"德行置于首章。

【原文】

1.1 带兵之人，第一要才堪治民，第二要不怕死，第三要不急急^①名利，第四要耐受辛苦。治兵之才，不外公、明、勤。不公不明，则兵不悦服；不勤，则营务巨细皆废弛不治。故第一要务在此。不怕死，则临阵当先，士卒乃可效命，故次之。为名利而出者，保举稍迟则怨，稍不如意则怨；与同辈争薪水，与士卒争毫厘，故又次之。身体羸弱^②者，过劳则病；精神短乏者，久用则散，故又次之。四者似过于求备^③，而苟阙^④其一，则万不可以带兵。故吾谓带兵之人，须智深勇沉^⑤之士、文经武纬之才。数月以来，梦想以求之，焚香以祷之，盖无须臾^⑥或忘诸怀^⑦。大抵有忠义血性，则四者相从以俱至；无忠义血性，则貌似四者，终不可恃。

1.2 带兵之道，勤恕廉明，缺一不可。

（以上为曾文正公语）

【注释】

①急急：急切的样子。此为急切于个人名利。

②羸（léi）弱：瘦弱。羸，瘦之意。

③求备：古语词，意为苛责别人，要求完美无缺。《论语·微子》周公谓鲁公曰："君子不施其亲，不使大臣怨乎不以，故旧无大故，则不弃也；无求备于一人。"

④阙：同"缺"。

⑤智深：即为智慧深刻。勇沉：即为勇气沉毅。清人王永彬《围炉夜话·第一七六则》："博学笃志，切问近思，此八字是收放心的功夫；神闲气静，智深勇沉，此八字是干大事的本领。"

⑥须臾：片刻。荀子《劝学》："吾尝终日而思矣，不如须臾之所学也。"用于表示"极短的时间"。

⑦诸：之于。

【译文】

1.1 带兵之人，一要有治民的才能；二要不怕死；三不要急切于个人名利；四要不怕劳苦。治兵的才能，不外乎公正、严明、勤勉。处事不公、军纪不明，则兵士不会心悦诚服；不能自行勤勉，则军营大小事务，皆会松懈、荒废而无以治理。所以，治兵第一要紧之事便是公正、严明、勤勉。

所谓不怕死，即是临阵杀敌

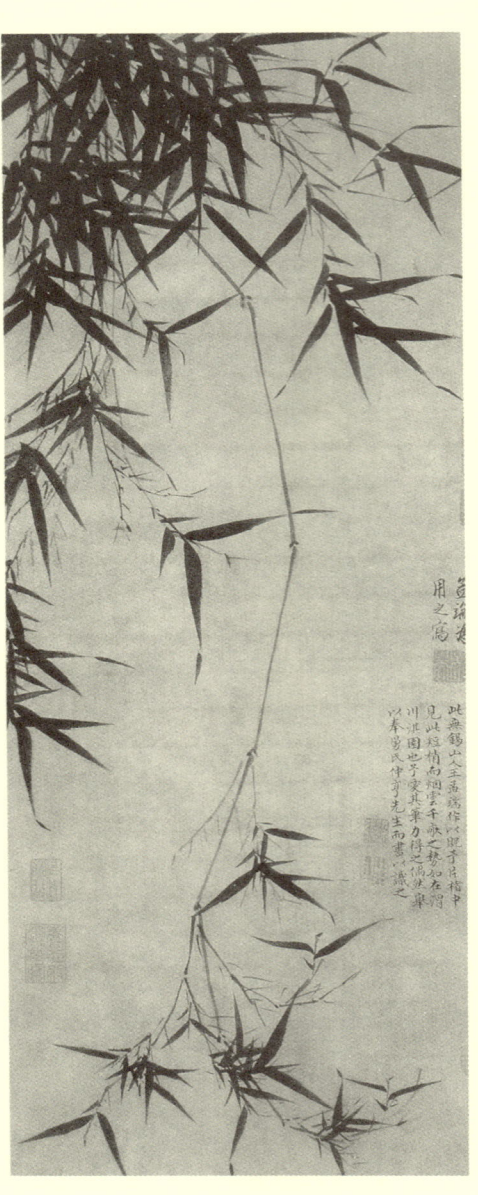

之际身先士卒,为将如此,兵卒才能舍命效力,此为第二要紧之事。

为名利而投军从戎之人,续功保举稍有迟缓则心生怨怼,升迁未能如愿则心生怨怼;与同僚攀比薪俸之高低,与兵卒争夺锱铢于毫厘;故,不急切名利为第三要紧之事。

身体瘦弱的人,稍有高负荷工作就会生病;精力不足的人,长时间工作则会精神涣散;故而身体强壮耐得住劳苦,这是第四要紧之事。

上述四者,似有求全责备之嫌,然实际缺少任意其一,则万万不可能把兵带好。所以,我以为带兵之人,须得是智慧深刻勇气沉毅之人、有文韬武略之良才。数月以来,梦寐以求,焚香祈祷上天能赐予我这样的将才,没有片刻稍能忘怀。大凡有忠义血性之人,则上述四者都能具备;没有忠义血性之人,纵看似四者兼有,实则终不能以其为统兵之倚仗。

1.2 带兵之道,勤勉于军务,度人于己心,廉洁于上下,严明于军纪,此四者缺一不可。

(以上两节,为曾文正公语)

【故事链接】

得车千乘,不如闻烛过一言

曾国藩认为,带兵之人,身先士卒,不怕死,兵士才能激发斗志,舍身效命。反之,为将者贪生畏死,则兵士必无逢战必争胜的斗志、战斗到底的血勇。这是曾国藩在咸丰三年刚接受团练大臣职差,决定出山平定太平军,组建湘军时所立的章程。这两条,有罗泽南、王鑫等举办团练的先行者的智慧在其中。《曾胡治兵语录》之所以是至理名言，而非空洞说教，是由湘军的实践来反证过的，要么是后来的事实证明语录的先见之明，要么是惨痛失败之后的教训总结。

春秋时期，晋国赵简子率兵围攻卫国都城。赵简子击鼓如雷，催动兵士不避箭弩勇敢攻城，他自己却躲在两层坚固的盾牌后面，远离卫国弓箭的射击范围。他自己生命不受威胁，自能豪气万丈，可是兵士却没有一丝豪气，毕竟箭弩就在眼前，随时就能要命的。

赵简子累得把鼓槌一扔，长叹一声："想不到我晋国的兵士这么胆怯！"

这时，一个叫烛过的人走了过来，对赵简子说："我听说过这样一句话，只有不善于使用兵士的君主，没有作战不勇敢的兵士。想当年，晋国的先君晋献公，他老人家吞并了十七个国家，收服了三十八个国家，大的胜仗打过十二次，用的就是晋国的兵士呀。晋献公他老人家过世后，晋惠公即位，他荒淫无道，既贪婪残暴，又贪生怕死，所以晋国被秦国打败了，秦国一直打到距离我们都城只有十七里了。晋惠公用的也是晋国的兵士。"

烛过继续说道："晋惠公死后，晋文公即位。我们晋国围困卫国，得到了邺城；城濮之战，五次打败楚国，称霸诸侯。他用的也是我们晋国的兵士呀。所以说，只有不善于使用兵士的君主，没有不勇敢作战的兵士。"

赵简子明白了烛过的意思，他把自己的盾牌都扔掉，把战鼓移到卫国射箭射击的范围内，他继续击鼓后，顷刻大胜。

战斗结束后，赵简子大为感慨，他说："我就算是得到一千辆战车，也不如听到烛过先生的一句话更有用啊。"

【原文】

1.3 求将之道，在有良心，有血性，有勇气，有智略。

1.4 天下强兵在将。上将之道，严明果断，以浩气举事，一片肫诚①；其次者，刚而无虚，朴而不欺，好勇而能知大义。要未可误于矜骄虚浮②之辈，使得以巧饰取容③。真意不存，则成败利钝之间，顾忌太多，而趋避愈熟，必至败乃公事。

1.5 将材难得，上驷④之选，未易猝求。但⑤得朴勇之士，相与讲明大义，不为虚骄之气、夸大之词所中伤⑥，而缓急⑦即云可恃。

1.6 兵易募而将难求。求勇敢之将易，而求廉正之将难。盖勇敢倡先，是将帅之本分；而廉隅正直，则粮饷不欺，赏罚不滥，乃可固结士心，历久常胜。

1.7 将以气为主，以志为帅。专尚驯谨之人，则久而必惰；专求悍鸷⑧之士，则久而必骄。兵事毕竟归于豪杰一流，气不盛者，遇事而气先慑⑨，而目先逃，而心先摇。平时一一禀承，奉命惟谨，临大难而中无主，其识力既钝，其胆力必减，固可忧之大矣。

（以上五节，为胡文忠公语）

——右（以上七节）论将才之体

【注释】

①肫（zhūn）诚：诚挚。

②矜骄虚浮：此译为"外强中干"。矜骄，即自大倨傲；虚浮，浮而不实。

③巧饰取容：此译为花言巧语骗取信任。巧饰，巧于装饰；取容，曲己以讨好他人。

④上驷：上等马，良马。语出《史记·孙子吴起列传》："今以君之下驷与彼上驷，取君上驷与彼中驷，取君中驷与彼下驷。"

⑤但：表示假设关系的副词，只要。

⑥中伤：受到伤害，此为（人之本性不被）侵蚀。

⑦缓急：偏义复词，义从"急"。译为"军情紧迫之时"。

⑧悍鸷（zhì）：凶猛暴戾。鸷，凶猛。

⑨慑：恐惧。

【译文】

1.3 求得将才的方法，当虑及以下四个方面，一有良心，二有血性，三有勇气，四有智慧谋略。

1.4 天下兵士之强弱，关键在将领。上等将领治兵之法，在于军纪严明、杀伐果断，处事以浩然正气，内心澄明赤诚。次等将领，守刚直而去虚伪，质朴信实而不欺诈，喜好勇武且知晓大义。不可被外强中干之辈所蒙蔽，以使其花言巧语骗取信任。这样的人无一丝一毫之真情实意，在成败利害面前，患得患失、顾虑太多，为自身趋利避害之心太盛，则必败坏公事。

1.5 将才难得，尤其上等将才，很难仓促之间轻易求得。（所以）只要得到秉性质朴忠勇之人，与他讲明民族大义，使其不为虚骄之气、夸大之词所侵蚀，则军情紧迫之时亦是可以依仗的。

1.6 千军易得，而良将难觅。求作战勇敢的将领容易，求廉洁正直的将领就难了。这是因为，勇敢无畏、身先士卒乃为将固有之意。而廉洁正直，则需上不吃空饷、下不克扣兵士粮饷，赏罚有度、分明，（这需要更高深的修养功夫），唯有如此，才能全军上下同心同德，军心经久不散才能保持常胜。

1.7 为将者，当以浩然之气充实心胸，当以思想意志为己身统帅。过于注重驯顺、谨慎之人为将，久而久之，则其必因只会听命而松散怠惰（不思进取）；过于注重凶猛暴戾之人为将，久而久之，则其必会抗命而骄横。带兵打仗毕竟还是要交予能力出众、智力超群之人，正气不盛者，遇事先已畏惧，目光先已游离，内心先已动摇。（这样的人）平时凡事全无己见、无不上禀，凡事无不唯唯诺诺、奉命方行，

临大事六神无主。其见识愚钝，则其胆量气魄必然有损，这确实是最令人担忧之事啊。

（以上五节，为胡文忠公语）

——右（以上七节）论将才之体

【故事链接】

曾国藩受骗

曾国藩说："要未可误于矜骄虚浮之辈，使得以巧饰取容。"曾国藩克己修身，不少人奉为楷模。仅此一句，足见不虚。儒家思想认为，巧言令色则内心不固，内心不固则放辟邪侈。曾国藩此语既是对将领素质的要求，也是自身约束的警戒。然曾国藩终为修者，而非觉者。曾国藩本人亦不过依律而行罢了，曾国藩戒"矜骄虚浮"，却又受"矜骄虚浮"之蒙蔽，这是怎么回事呢？

清李伯元《南亭笔记》载（下文虽为文言，但通俗易懂，且韵律优美，故不做白话翻译）：曾文正（曾国藩）在军中，礼贤下士，大得时望。一日有客来谒（拜见），公立见之，其人衣冠古朴，而理论甚警（敏锐），公颇倾动。与谈当世人物，客曰："胡润芝（胡林翼）办事精明，人不能欺。左季高（左宗棠）执法如山，人不敢欺。公虚怀若谷，爱才如命，而又待人以诚，感人以德，非二公可同日语，令人不忍欺。"

公（曾国藩）大悦，留之营中，款为上宾。旋（不久）授以巨金，托其代购军火，其人得金后，去同黄鹤（一去不返），公顿足曰："令人不忍欺，令人不忍欺！"

曾国藩一步不慎，受人蒙蔽，且损失军资，贻误战事。于其本人，瑕不掩瑜；于后人，则更应借鉴，更应感受曾氏所言之道理。曾国藩行事有所疏漏这是人之难免，其修养功夫终身不辍则难能可贵。学问之未知，修养之缺漏，实不足为羞；知过不改，察漏不补，无以为进，这才是着实应感到羞愧的。

【原文】

1.8　古来名将，得士卒之心，盖有在于钱财之外者。后世将弁①，专恃粮饷重优，为牢笼兵心之具②，其本为已浅矣。是以金多则奋勇蚁附，利尽则冷落兽散。

1.9　军中须得好统领、营官③，统领、营官须得真心实肠，是第一义。算路程之远近，算粮仗之缺乏，算彼己之强弱，是第二义。二者微④有把握，此外，良法虽多，调度虽善，有效有不效，尽人事以听天而已。

1.10　璞山⑤之志，久不乐为吾用。且观其过自矜⑥许，亦似宜于剿土匪，而不宜于当大敌。

1.11　拣选将材，必求智略深远之人，又须号令严明，能耐辛苦。三者兼全，乃为上选。

（以上四节，为曾文正公语）

【注释】

①弁（biàn）：古时指武官，后专指低级武官。

②具：工具。

③统领、营官：统制是清末新军的官职，清政府拟全国设立36镇新军，每镇的最高长官称为统制。镇下分协、标、营、队、排、棚，分由协统、标统、管官、队官、排长和正、副目率领。营官：《清史稿·兵志三》："（同治）二年（1863）……乃改仿湘军成规，以五百人为一营，设营官、哨队官及亲兵……凡五百人。"湘军步队营为五百人，马队营为三百六十人，营官为一营最高长官。统领：清制，统领为正二品武官官职。此处所说统领，则是统领一营或多营地方团练的将领。

④微：细小，此为"少近乎无"之意。

⑤璞山：王鑫（zhēn），字璞山，湘军著名将领。一句话描述王鑫，就是既能说大话，又能做大事。曾国藩此处说王鑫"不堪大用"，是有原因的，咸丰四年曾国藩首次率军出战时，王鑫也从湖南陆路反击太平军，但战败了。王鑫不听曾国藩的劝告，去了岳州死守，要不是曾国藩救援，就全军覆没了。曾国藩喜稳重，王鑫则善言，纵左宗棠、胡林翼不及。王鑫与曾国藩不睦后，他离开曾国藩转投骆秉章，与左宗棠交好。但两人的关系并不像外界所言那么恶劣，王鑫给曾国藩的书信中说："茫茫天壤，同志几人？"王鑫以曾国藩为知己，曾国藩也深以为然。王鑫病逝时年仅三十三岁，极少败仗。《清史稿》说他"身经数百战，前后杀贼十余万，克复城池二十余处，厥功甚伟"。他创立的老湘营以纪律严明、作战英勇著称。王鑫去世后，刘松山和刘锦棠先后带领老湘营，后者更是直接参与了收复新疆战役。但就大势

与局势的判断上而言，王鑫的格局的确不如曾国藩更远阔。

⑥自矜：自负。

【译文】

1.8 古时的名将，能够得到兵士忠心用命，功夫大都用在财物笼络（手段）之外。后世统兵将领，则往往依仗粮饷优厚，以此为笼络兵士忠心用命的工具，如此则根基也就不牢固了。其结果就是，重赏之下争相归附，一旦赏无可赏则门前冷落，兵士如鸟兽散，各自东西了。

1.9 军队中一定要有好的统领和营官。统领、营官一定要有真情实意，要有一副好心肠，这是第一要义。能算计行军路程之远近，算计所需粮食、军械之多寡，演算敌我双方情势之强弱，这是第二要义。如若对上述两者没有把握，纵然再多应战之法，再好的安排与调遣，却也无法保证行之有效，于成败而言，也只不过是尽人事而由天命罢了。

1.10 璞山的志向我了解，他很久就不愿意效力于我的帐下了。我看他过于自负，其能力只适合剿灭小股土匪，而不适合为统兵大将，决机疆场。

1.11 选用将才，必须要选择智谋、思虑深刻而长远之人，并且还要号令严明，能吃苦耐劳。上述三者俱备，这才是将才的上上之选。

（以上四节，为曾文正公语）

【故事链接】

吴起吮疽

曾国藩认为，统领、营官须得真心实肠，这是第一重要之事。曾国藩的这一理念，既来自儒家"仁爱"思想的影响，也来自中国古代名将风范的传承。

春秋魏文侯时，吴起为魏国主将，其衣食与最下等之兵士无二。睡卧不铺席，行军不骑马，甚至与兵士同样负担军粮行军。有兵士得了恶性毒疮，吴起亲口为兵士吮吸毒液。

兵士母亲听闻，大哭。别人不解，问道："你儿子不过一士卒罢了，将军亲为其吮毒，所哭何来呢？"

兵士母亲说："你哪里知道其中的缘故啊。早年我夫为将军兵士，将军亦曾亲口为我夫吮毒。我夫感将军恩德，逢战必勇往直前，不久就战死了。如今将军又为我儿吮毒，我现在都不知道我儿将死于何时何地了。我这才痛不欲生。"

太史公记述此事，并无阐发，只是借用李悝的话说："然（吴起）

用兵司马穰苴不能过也"。司马穰苴为春秋末期著名军事家,著有《司马法》兵书一部。李悝在魏文侯时为相,他此言当属不虚。吴起为将,担得起"真心实肠"。曾文正公所言"统领、营官须得真心实肠",实在一语中的。

孔子不用暴虎冯河

曾国藩说:"拣选将才,必求智略深远之人。"他认为,智略深远,须号令严明,能耐辛苦,具备了这三样品质的人才是将领的良选。谋定而后动,是中国古代重要的军事理念,后来这一理念被扩展到做其他的事情上。曾国藩强调智略深远,是与"勇武"对立来说的。在曾国藩看来,勇武是为将者的基本素质,而智略深远才是名将区别于庸才的根本素质。

《论语·述而》记载了这样一个故事:

孔子对颜渊说:"用我,我就干;不用我,我就隐。也只有我和你能做到这样了吧。"

子路在旁边就问孔子:"先生倘若统率三军,会找谁共事呢?"

孔子说:"徒手就和老虎搏斗,凭着两条腿就去渡河,死了也不知道追悔的人,我是不会和他共事的。我要选择共事的人,必定是临事而惧,好谋而成之人。"

曾国藩所谓智略深远,正是承接于孔子所说统率三军要临事而惧、好谋而成。要知道,孔子可不是后世手无缚鸡之力、百无一用的书生,在孔子那个时代,书生是要通六艺的,礼、乐、射、御、书、数。其中，射、御、数是可以直接用于兵事的。孔子本人也是有战史的。昔日鲁定公与齐景公会盟，景公欺鲁国势弱，竟想劫持定公。孔子指挥若定，鲁国军队不仅保护了定公，鲁国还从齐国手里讨回了被占去的土地。威服强大的齐国，不战而屈人之兵。

如果说勇武是一团火，能够自身勇敢且鼓舞全军勇往直前，那么智略就是一汪水，能够自身冷静统筹且引领全军坚韧卓绝。

【原文】

1.12 李忠武公续宾①，统兵巨万，号令严肃，秋毫无犯。湖南、湖北、安徽、江西、浙江等省官民，无不争思倚重。其临阵安闲肃穆，厚重强固。凡遇事之难为而他人所畏怯者，无不毅然引为己任。其驻营处所，百姓欢忭②，耕种不辍，万幕③无哗，一尘不惊。非其法令之足以禁制诸军，实其明足以察情伪④。一本至诚，勇冠三军，屡救弁兵于危难。处事接人，平和正直，不矜不伐⑤。

1.13 乌将军兰泰⑥遇兵甚厚：雨不张盖，谓众兵均无盖也；囊无余钱，得饷尽以赏兵。

1.14 兵事不外"奇""正"⑦二字，而将材不外"智""勇"二字。有正无奇，遇险而覆；有奇无正，势极即阻。智多勇少，实力难言；勇多智少，大事难成。而其要，以得人为主。得人者昌，失人者亡。设⑧五百人之营，无一谋略之士，英达之材，必不成军；千人之营，无六七英达谋略之士，亦不成军。

1.15 统将须坐定⑨，能勇敢不算本领，必须智勇足以知兵，器识⑩

足以服众，乃可胜任。总须智勇二字相兼：有智无勇，能说而不能行；有勇无智，则兵弱而败，兵强亦败。不明方略，不知布置，不能审势，不能审机⑪，即千万人终必败也。

1.16　贪功者，决非大器。

1.17　为小将须立功以争胜，为大将戒贪小功而误大局。

（以上六节，为胡文忠公语）

——右（以上十节）论将才之用

【注释】

①李续宾：字迪庵，谥忠武，湘军重要将领。李续宾沉默寡言，善于统兵，作战勇敢，常做先锋，战岳阳，克武汉，取九江，受巡抚衔。咸丰八年（1858），在攻取庐州战役中，在三河镇以不足五千疲兵受困于太平军十万之众，终不敌战死。曾国藩对他非常尊重。胡林翼升任湖北巡抚后，李续宾为胡林翼属下，胡林翼对其评价极高。

②欢忭（biàn）：欢悦。忭，喜悦。

③幕：帐篷，此指代军营。

④情伪：弊病。《管子·七法》："人君泄，则言实之士不进；言实之士不进，则国之情伪不竭于上。"

⑤不矜不伐：不自负，不自夸。形容人谦虚谨慎。语出《尚书·大禹谟》："汝惟不矜，天下莫与汝争能；汝惟不伐，天下莫与汝争功。"伐，自夸。《论语·公冶长》颜渊曰："愿无伐善，无施劳。"

⑥乌将军兰泰：即乌兰泰，满族，官至副都统，谥武壮。

⑦奇、正：正是指一般的，正常的，合乎大多数人思维的；奇是指特殊的，变化的，超出大多数人思维的；奇正是对立存在的，故而老子说："以正治国，以奇用兵。"可是《孙子兵法·势篇》又说："凡战者，以正合，以奇胜。……战势不过奇正，奇正之变，不可胜穷也。"可知，"正"为正面对敌的战法，"奇"为出其不意的战法。奇正又是相对的，在某种情况下为正，在另一种情况下又可为奇，何为正，何为奇，这要看具体情势而言。故而《宋史·岳飞传》说："阵而后战，兵法之常；运用之妙，存乎一心。"

⑧设：倘若。

⑨坐定：沉着，镇定。

⑩器识：气魄胆识。

⑪机：关键。

【译文】

1.12 忠武公李续宾统兵上万，号令严肃，秋毫无犯。湖南、湖北、安徽、江西、浙江等省官员百姓，无不想倚重他来安定地方。他决机阵前，神闲气定而不失庄敬，为人厚重固守本心。凡是遇到别人胆怯、棘手之事，他没有不毅然承担、并以为本分职责的。他军营驻扎之地，百姓欢悦，耕种不辍，三军营帐悄然有序，没有一丝一毫惊扰地方。这并不是他依靠法令刻意制约下属，实在是他的英明足以洞察驻军惊扰地方的弊病。凭着一腔赤诚，冠军之勇，他屡次解救将士于危难。李公待人处事，平和正直，从不自负，从无夸耀。

1.13　乌兰泰将军对待士卒感情甚是深厚：下雨天自己也不张伞遮雨，说是士卒都没有雨伞；尽自身无余财，每每收到军饷却如数赏给士卒。

1.14　用兵之道，不外乎奇、正二字；而将才不外乎智、勇二字。两军攻防，只知道正面对敌，而不知道运用奇谋、留有奇兵，一旦遇险则全军覆没；只想剑走偏锋出奇制胜，而无立足两军对垒的果敢，奇兵一旦不奏效则攻守之势必然受挫。统兵大将，如若长于智谋而短缺勇气，则其全军实力发挥如何就不太好说了；勇气过盛而智谋不足，则注定难成大事。因而最主要的还是用人。用人得当，则军队壮大；用人不当，则军队衰败。五百人的一营队伍，若无一懂谋略筹划之人，无一英明通达之人，则（五百人之营为一盘散沙而）不能成其为军队；两营队伍，若无六七个谋略英达之人，则亦不能成其为军队。

1.15　统兵将领必须沉着镇定，能够轻易勇敢无畏，这不算什么本领，其智其勇必须要足以能够通晓兵事，其气魄胆识足以能够服众，（具备这样的能力）才能胜任统兵重任。总之，必须要兼有智和勇：长于智谋而短缺勇气，则只能停滞于筹划而难以实施；勇气过盛而智谋不足，则无论己之兵力强弱，终将一败。用兵没有全局谋划和策略，不懂排兵布阵，不能详察敌我态势，不能明了军情机要关键，纵统兵再多也难逃一败的厄运。

1.16 贪功邀宠之人，断非大将之才。

1.17 为小将须立功以争胜，为大将戒贪小功而误大局。身为小将，必须要有立功之急切，以求逢战必胜；身为大将，则要力戒贪图小功之心，以防败坏大局。

（以上六节，为胡文忠公语）

——右（以上十节）论将才之用

【故事链接】

曹操割发代首

胡林翼将兵，眼界能在单纯兵事以外。他认为，将领需要在熟稔军情的同时，还必须要能体察民情，军不能扰民。胡文忠公所言"非其法令之足以禁制诸军，实其明足以察情伪"，并非是说李续宾法不禁众，实际是称赞李续宾"军不扰民"之大格局。兵者，保境安民。纵兵扰民，则兵与匪何异？且兵饷赖于民供给，欲成大事者，虽枭雄亦知亲民。

公元198年（建安三年）夏，曹操第二次征讨宛城的张绣。时正值麦熟，为防止行军损坏庄稼，曹操传令各军："士卒不得损坏麦田，犯者斩首。"曹操深知，无论是军队还是百姓，粮食是最大的安定因素。百姓无粮，则军粮必然无法供给。军无饷不稳，人无粮则乱。

三军得令后，各自严格约束，没有一个违反军令的。孰料，曹操自己的马却因为受到惊吓，闯入麦田。别人没怎么的呢，自己先违反军令，怎么办？负责军纪的行军主簿也傻了眼，总不能把主公咔嚓了吧。

主簿还算机灵，他援引《春秋》为曹操开脱，他说："《春秋》之义：罚不加于尊（春秋并无此说，此乃主簿，《三国演义》上是郭嘉，杜撰）。丞相为统率大军之首，岂可自戕？"

曹操沉思了一番，说："法令由我制定，我不遵守，何以服众？"遂割发代首，且传令三军。三军俱惊，再无敢违军令者。

今天看来，断发顶罪如同儿戏，不要说断发，剃光头的也不在少数，太稀松平常不过。可是古时中原文化，主动断发无异于离经叛道，更绝

的是还违背孝道，总之是很要命的举动。曹操宁可个人品行受损，也要保证军队不得惊扰地方。民以食为天，君以民为天，曹操深谙其中道理。

湘军组建之初，曾国藩、胡林翼等为首者均重视军纪，严令各军不得惊扰民众破坏民产，加上罗泽南、李续宾、彭玉麟、刘蓉、王鑫等一大批儒生将领带兵，湘军军纪严明，已远非八旗、绿营所能比，即便太平军亦不如。湘军这才保持了强大的战斗力。后来湘军军纪败坏，其军力也随之减弱。令人越发敬重曾国藩、胡林翼等人的"军民相安"的远见与睿智。

用兵奇正与宋襄公泓水之战

奇与正是我国古来的兵法术语，既可以形容战略大局，又可以形容具体战术；既可以用于战事本身的策略，又可以用于战事外延，如外交、内政等策略；既可以相互对立，又可以相互转化。《孙子兵法》谈及"奇""正"，多为战略性描述及相互转化原则。胡林翼所说"奇""正"则是从后果剖析，"有正无奇，遇险而覆；有奇无正，势极即阻"。

昔日宋襄公所坚持"不鼓不成列"与不"半济而击"，都是正。但形势已非春秋初期，宋襄公有正无奇，遇险而覆结果也就不奇怪了。公元前638年（周襄王十四年），楚国与宋国陈兵泓水，史称"泓水之战"。

宋军占有地利，已然摆好阵势，楚军还没有全部渡过泓水。宋军司马子鱼建议宋襄公:"楚军人众而我寡,可趁其渡河至半而进攻。"襄公拒绝。襄公拒绝的理由是:"敌人渡河至半就攻打它,损害仁义(未济而击之害义)。"

楚军渡河后开始布列阵势,公孙固又劝襄公说:"楚军列阵未毕、行列未定,可趁机进攻。"襄公再拒绝。襄公拒绝的理由是:"不鼓不成列(不主动攻击尚未列好阵的敌人)。"

如果说历史上哪次战事给后世留下了深远的影响,那么泓水之战算得上其一。直到今天,宋襄公依旧是通俗文化中虚假仁义、不懂变通、抱残守缺的代名词。

如果抛弃其他方面不论,单就战事而言,宋襄公是这样的人。他有正无奇,泓水之战宋军也果真遇险而覆。就因为宋襄公不通奇正之变,宋国不单单输掉了一次战争,而且从此以后彻底被其他强国边缘化了。

鲁仲连收复聊城

胡林翼说:"不明方略,不知布置,不能审势,不能审机,即千万人终必败也。"这就是为将者的全局观念与意识。陈澹然在其《寤言·二迁都建藩议》中说:"不谋万世者,不足谋一时;不谋全局者,不足谋一域。"这句话被近现代军人推为"大战略思想格局"。胡林翼用"不明方略,不知布置,不能审势,不能审机"四句阐发,生动、凝练。

战国齐闵王时,燕国乐毅攻下齐国七十余城,齐国仅剩莒县、即墨两城。后来，燕国君臣嫌隙（堡垒都是从内部被攻破的，历来如此），齐国田单趁机率军反击，驱逐燕军于境内，尽收失地七十余城。可是在收复聊城的时候，田单攻打了一年也没有能够夺回来。田单就求助于鲁仲连。

鲁仲连只写了一封信，齐国就把聊城夺了回来。鲁仲连是怎么做到的呢？他了解到燕国占领聊城的将领叫乐英，他现在形势不妙，燕国国君猜忌他，他不敢回燕国；可是他在齐国聊城，又受到越来越多的齐国军队的攻击；这使他焦头烂额，前途困穷。

鲁仲连写完信，就用箭射到聊城城头。乐英收到信，打开一看，信上说："现在您是不敢回燕国了，可是聊城您是守不住的，齐国军队越来越多。我替您打算，无非有两条路，一是投降齐国，二是回燕国被杀。"

乐英看完信后，悲痛不已，燕国不敢回去，可是他在齐国又杀人太多，投降也怕没有好结果。于是，他长叹一声，说："与其死于别人之手，还不如我自杀。"说完就自杀了。田单趁机收复了聊城。

田单虽善战，却陷于局中，反不如鲁仲连站在局外看得清楚。鲁仲连把聊城攻守之势置于燕齐两国全局下剖析，从大处着眼，然后小处入手，聊城唾手可得。

【原文】

蔡按：古人①论将有五德，曰：智、信、仁、勇、严。取义至精，责望②至严。西人之论将，辄曰"天才"，析而言之，则曰天所特赋之智与勇。而曾胡两公之所同唱③者，则以为将之道，以良心、血性为前提，尤为扼要探本④之论，亦即现身之说法。咸、同之际⑤，粤寇⑥蹂躏十余省，东南半壁，沦陷殆尽。两公均一介书生，出身词林⑦，一清宦，一僚吏⑧，其于兵事一端，素未梦见。所供之役，所事之事，莫不与兵事背道而驰。乃为良心、血性二者所驱使，遂使其"可能性"发展于绝顶，武功灿然，泽被海内。按其事功言论，足与古今名将相颉颃⑨而毫无逊色。得非精诚所感，金石为开者欤？苟曾胡之良心、血性而无异于常人也，充其所至，不过为一显宦，否则亦不过薄有时誉之著书家，随风尘以殄瘁⑩已耳！复何能崛起行间，削平大难，建不世之伟绩也哉！

【注释】

①古人：当为孙武。《孙子兵法·始计篇》："将者，智、信、仁、勇、严也。"

②责望：要求和期望。

③唱：同"倡"，倡导，主张。

④探本：探求根本。

⑤咸、同之际：咸、同，分为咸丰（1850—1861）、同治（1862—1875，1861年登基）的年号。太平军于咸丰元年（1851）起事，于同治三年（1864）被剿灭，其存续时间跨越咸丰、同治二帝。

⑥粤寇：此指太平军。粤，旧地名，即广东、广西。

⑦词林：即翰林。

⑧清宦、僚吏：清宦是指曾国藩，曾国藩由进士而庶吉士，寿翰林院检讨、侍讲、校理，后升任侍讲学士、内阁学士、礼部右侍郎、兵部和工部左侍郎，基本是一路清贵做到了从二品大员。僚吏是指胡林翼，道光二十年（1840）胡林翼因为江南乡试主考作弊，受到牵连被降级。道光二十六年起复时，是花了一万四千余两银子捐纳的知府。

⑨颉颃（xié háng）：本意为鸟飞上飞下，引申为不相上下，可相抗衡。语出《诗经·邶风·燕燕》："燕燕于飞，颉之颃之。"颉，上飞；颃，下飞。

⑩殄瘁（tiǎn cuì）：枯萎，凋谢之意。

【译文】

蔡锷按：古人评判将才用五种品德，即智谋、信实、仁义、勇敢、严明。概括至为精当，对为将者素质之期望甚高。西方人评判军事人物，脱口即是"天才"论调，分析这种论调，也无非是说，天才拥有异于常人的智与勇的天赋罢了。而曾胡二公所主张的，以良心、血性为前提的为将之道，实在是抓住要害、探及根本，这也是二公身体力行的结果。咸丰、同治年间，太平军侵扰、践踏十数省，东南半壁江山尽陷贼手。二公本一介书生，后被选为翰林，一为清官，一为僚吏，他们对于日后统兵征战这样的事情，那是做梦也不曾想到的。他们所担任的职务，所从事的工作，无不与统兵作战相去甚远。可是被自身良心、血性所推动，竟将潜在的军事才能发挥得登峰造极，以至于武功赫赫，举国上下无不受其恩惠。就他们的功勋而言，足以与古今名将媲美而毫不逊色。这难道不就是所说的"精诚所至，金石为开"吗？假如曾胡二公的良心、血性与常人无异，则充其量不过一达官显贵罢了，要不就是一略有薄名的著书家，只不过身去名亡烟消云散。又怎么能崛起于行伍之间，起兵靖难，建立不世之功业呢？

第二章　用人

【导读】

本章谈及用人，虽包含统兵大将，但主要是谈文员、武弁等低级人才的。曾胡二公观点集中有三：一是用质朴无华的人，即曾国藩所说"乡气之人"；二是眼光不可太高，要懂得量才使用；三是注重考察、培养之法。

古来用人就往往陷入两难，品行好的未必有能力，有能力的未必品行好，品能兼备的未必能遇到。曾胡二公针对这一难两全的矛盾，提出自己的见解，"不可眼孔太高，动谓无人可用"，"人才因求才者之智识而生，亦由用才者之分量而出"。曾国藩自己就是经历靖港、湖口等多次失败，最终功成。因而他深信人是可以通过培养，自己修身养性而改变的。

刘邦用陈平就是一个典型。周勃、灌婴看不惯陈平，向刘邦控诉说："陈平这个人，虽然长了一副好皮囊，却是个贪财好色的家伙，甚至和自己的嫂子通奸！"这种控诉很要命。魏无知是陈平的推荐人，他为陈平分辩说："我推荐陈平是推荐他的才能，周勃、灌婴攻击的是他的品行。只要他的才能对大王有利就好了，你管他贪财好色干嘛呢？"乱世重才能。陈平如果放到后来的"文景"之时，那就行不通了。

当时太平军势大，正值乱世，用人当以平乱为第一要紧。曾胡用人之法，实则就是强调对人才的择取要能变通，量才使用，"无因寸朽而弃连抱"。世无完人，对人才择取过于苛刻，实际上就是在排斥人才，排斥人才则势必削弱自己的力量。

人才关键在于培养和使用。春秋时，阳虎在鲁国篡权乱政，鲁国、齐国等国不敢用他，晋国赵简子偏偏用了他做大夫，结果阳虎为赵氏立下赫赫功劳。

人才的才能是一回事，用人者的度量、胸襟、魄力又是另一回事。指望品能俱佳的人才，像七仙女硬往董永怀里扑，这只是用人者的一厢情愿，缥缈虚无不现实。

【原文】

2.1 今日所当讲求，尤在用人一端。人材有转移之道，有培养之力，有考察之法。

2.2 人材以陶冶而成，不可眼孔太高，动谓无人可用。

2.3 窃疑古人论将，神明变幻①，不可方物②，几于百长并集，一短难容。恐亦史册追崇之词③，初非预定之品。要以衡材不拘一格，论事不求苛细。无因寸朽而弃连抱④，无施数罟⑤以失巨鳞。斯先哲之恒言，虽愚蒙而可勉。

2.4 求人之道，须如白圭⑥之治生⑦，如鹰隼之击物，不得不休。又如蚨⑧之有母，雉之有媒⑨，以类相求，以气相引，庶几⑩得一而可及其余。大抵人才约有两种，一种官气较多，一种乡气较多。官气多者，好讲资格，好问样子，办事无惊世骇俗之象，言语无此妨彼碍之弊。其失也，奄奄无气，凡遇一事，但凭书办家人之口说出，凭文书写出，不能身到、心到、口到、眼到，尤不能苦下身段，去事上体察一番。乡气多者，好逞才能，好出新样，行事则知己不知人，言语则顾前不顾后。其失也，一事未成，物议⑪先腾。两者之失，厥咎惟均⑫。人非大贤，亦断难出此两失之外。吾欲以劳、苦、忍、辱四字教人，故且戒官气，而姑用乡气之人。必取遇事体察，身到、心到、口到、眼到者。赵广汉⑬好用新进少年，刘晏⑭好用士人理财，窃愿师之⑮。

（以上四节，为曾文正公语）

【注释】

①神明变幻：神明，语出《淮南子·兵略训》："夫将者，必独见独知。独见者，见人所不见也；独知者，知人所不知也。见人所不见，谓之明；知人所不知，谓之神。神明者，先胜者也。先胜者，守不可攻，战不可胜，攻不可守。"神明变幻，此处所言亦即鲁迅所谓"状诸葛多智而近妖"，把古时名将决机胜负的因素渲染得鬼神莫测，反而忽视了人为这一主要因素。此处译文采用意译。

②不可方物：原指无法分辨名实、名分。现为

不能识别，无法分辨，也指无可比拟。语出《国语·楚语·观射父论绝地天通》："及少皞之衰也，九黎乱德，民神杂糅，不可方物。"韦昭《国语注》："方，别也。物，名也。"

③追崇之词：对死者的溢美之词。追崇，对死者追加封号。

④连抱：连臂合抱。多形容树木之粗大。

⑤数罟（cù gǔ）：细密的渔网。数，细，密。罟，渔网。古时曾有规定，禁止细密渔网在湖泊中捕鱼，意在留有鱼种。

⑥白圭：战国时期中原（洛阳）人，名丹，字圭。有"商祖"之誉。《史记·货殖列传》："盖天下言治生祖白圭。"到了东汉，白圭的地位更是升级了，《汉书·货殖列传》说他"盖天下言治生者祖白圭"。白圭认识到，贸易能够增长财富，他善于利用供需的不平衡，低价买进高价卖出。而且他对农业丰歉规律有自己的理论，从而能够丰年囤积，歉年出售。《史记》记载白圭说："吾治生产，犹伊尹、吕尚之谋，孙吴用兵，商鞅行法是也。是故其智不足与权变，勇不足以决断，仁不能以取予，强不能有所守，虽欲学吾术，终不告之矣。"春秋战国时期，商业发达，直到秦以法家治国，中国的商业才开始一再衰败。

⑦治生：经营家业，增殖财货。

⑧蚨（fú）：即青蚨，古代用作铜钱的别名。传说用青蚨血涂钱，可以引钱使归。《搜神记》载：南方有虫，又名青蚨。形似蝉而稍大，味辛美，可食。生子必依草叶，大如蚕子。取其子，母即飞来，不以远近，虽潜取其子，母必知处。以母血涂钱八十一文，以子血涂钱

八十一文。每市物，或先用母钱，或先用子钱，皆复飞归。轮转无已。故淮南子术以之还钱，名曰"青蚨"。

⑨雉之有媒：古人猎雉，用驯养的雉为引子，就可以招引野雉来投，因而得雉无计。《西京杂记·卷四》载："茂陵文固阳，本琅琊人，善驯野雉为媒，用以射雉……日连百数。"曾国藩以"蚨之有母""雉之有媒"来比拟，选用人才，要从认识人才的个性发展到认识此类人才的群体性，从而创造有利于人才发展的环境，以获得人才济济的良好局面。战国燕昭王因"千金市马骨"之言而兴黄金台延揽人才，亦是此意。

⑩庶几：差不多。

⑪物议：众人的议论，非议。

⑫厥咎惟均：过失相同。厥，其。均：等同。

⑬赵广汉：赵广汉，字子都，涿郡蠡吾县（今河北博野县）人。西汉时期大臣，为人强力，执法不避权贵。《汉书》载：他任京兆尹时，喜好任用世代为吏人家子孙中有作为的年轻人，一味激励他们强悍锋锐之气，处事果断而迅速，无所回避，大多决断决计，没有迟疑为难的。

⑭刘晏（716—780），字士安，曹州南华县（今山东省东明县）人。唐朝杰出的理财家。《新唐书》载：刘晏任左仆射时分派各道租庸使，所用租庸使增加到几百人，都是资历浅、有才干的，且都是一代英才。他督促、依靠他们办事，所以能建成功业。

⑮窃愿师之：赵广汉用新进少年，刘晏用士人，二人所用之人，

皆是资历浅、有能敢为，且听从指挥的。曾国藩此言，表明了其用人标准。赵广汉、刘晏善用人却不得善终，曾国藩此言又是在表明心迹，苟利国家生死以，岂因祸福避趋之。

【译文】

2.1 当今之世，所应当重视之要务，就在任用人才一事。人才有转化的办法，有培养的功力，有考察的方法。

2.2 人才是教化培养出来的，（对于人才的筛选）不能眼光太高，（以至于）动辄就说没有可用之人。

2.3 我私下里对古人论述的将才持怀疑态度，（古人所论及之将才）决机胜敌变幻莫测，难以捉摸，（他）几乎集众人之优点于一身，而无丝毫缺陷。这恐怕是史书对死者的溢美之词吧，而并非当初预先制定选用将才的标准。所以，衡量将才不要拘泥于成式，评判（将才）职守不能苛责于细务。不能因丁点腐烂就放弃粗大的树木，不能用细密渔网捕鱼以至于小鱼无法长大。这是先贤挂在嘴边的话，纵然是愚昧无知之人，亦可鼓励使其有所作为。

2.4 求取人才，就要像白圭经营产业增殖货财，就要像鹰隼搏击猎物，不达目的誓不罢休。又如青蚨之母虽远必来，射雉有诱媒则所得必多，以同类相求，以同气相引，这样以来，得人才之其一，即可得人才之其余。大体上，人才有两种，一种官气较重，一种乡气较重。官气重的人，喜欢论资排辈，摆架子，做事不追求标新立异，言语之间也无前言不搭后语的毛病。这种人的弊病在于，没有朝气不求进取，但凡遇上点事，无不依仗书办、家人出主意，或依仗文书的官样文章行事，他自己并不能身到、心到、口到、眼到，尤其不能放下身段，就具体的事情去实际考察、体会。乡气重的人，爱逞能，喜欢标新立异，行事以自我为中心不顾及他人，说话则前后矛盾。这种人的弊病在于，事情还没有办妥，却已惹得众人非议四起。这两种人的弊病之害处大小，并无分别。若非才德超群之人，很难避开这两种弊病。我要用劳、苦、忍、辱四字教人、育人，所以只得防备官气之人，而用乡气之人。一定要选用那些遇事能自行考察、体会，身到、心到、口到、眼到的人。昔时，汉代赵广汉喜欢用新提拔的年轻人做事，唐代刘晏喜欢用刚有功名的读书人理财，我愿意向他们学习。

（以上四节，为曾文正公语）

【故事链接】

用人以能的风险

曾国藩说："赵广汉好用新进少年，刘晏好用士人理财，窃愿师之。"曾国藩如此推崇的赵广汉，是何许人也？

《汉书·赵广汉传》（与尹翁归、韩延寿、张敞、王尊、王章合传）里说他，机智果敢，思想品德过关，专业技能过硬。

赵广汉代理京兆尹（首都市长）时，有个叫杜建的人，负责给死去的汉昭帝修建坟墓。在杜建的纵容下，门客纷纷非法谋利。赵广汉就劝说杜建要收敛。杜建把赵广汉的话当成放屁。赵广汉也很直接，哦，好言劝你不听是吧？那我就让你知道知道老子的手段。赵广汉把杜建拉上刑场，一刀杀了。

赵广汉还不缺乏黑幽默，在颍川任太守时，郡中原、褚两大家族横行，无人能管。赵广汉上任后，啥也不说了，先诛杀两大家族为首的恶人。擒贼擒王，一下就震慑得其他人缩了头。颍川豪杰大族之间频繁联姻，形同铁板一块。赵广汉就拉一派打一派，还把与他们的谋划故意泄漏出去，继而鼓励告密，把告密者的名字说成是大家族子弟之名。这么一番折腾，颍川吏卒和百姓都成了赵广汉的耳目，终于把豪杰大族这地头蛇给打压了下去。赵广汉因此升任京兆尹。

赵广汉精明强干，擅长钩距之术。赵广汉精明到什么程度呢？盗贼和小偷的根基和贼窝所在地，以及属吏枉法收取财物的奸情他都知道。当时长安几个少年私下里密谋，要去劫持抢劫一个人。他们的密谋计划还没有来

得及实施，赵广汉就请他们去吃牢饭了。广汉派属吏收捕整治，使他们全部伏法。钩距之术就是，如果想知道马的市价，就先了解狗的市价，然后了解羊的市价，然后了解牛的市价，最后才了解马的市价，这样一番比较衡量，了解到马的市价也就了解到当地整体的经济行情了。

对赵广汉这样的人，有一个历史上有专门的称呼，能臣或循吏。曾国藩说赵广汉好用新进少年，新进少年就是刚露头角的官宦世家子弟。赵广汉为何用这些人呢？因为他要对付的人大多就是世家大族和官宦。官宦子弟多跋扈，你也可以理解为敢为。反正赵广汉用这些人的目的的确达到了。

可是赵广汉并非正直君子，他也从来不用正直君子来约束自己，他所倚重的是"术"。霍光活着的时候，他投靠霍光。霍光一死，他知道汉宣帝对霍光不满，就借机闯入霍光儿子府里，一番乱砸乱翻，临走还用斧子把门闩给砍断。整治丞相魏相的时候，甚至逼迫魏相的夫人跪地回话。而这都是赵广汉公权私用，打击异己。后来赵广汉东窗事发，被处以腰斩，死得很惨烈。

赵广汉身上依稀有主父偃的影子，所以他并不为后世仁道所喜爱。赵广汉被处死时，《汉书》说："百姓追思，歌之至今。"但如使赵广汉获得更大权力，以他的行事风格与心胸，结果是更好还是更坏，就不好说了。

以曾国藩的学识，他不可能不知道赵广汉的为人与结局，可是他依然说愿意效仿赵广汉，一则是太平军势大，几将亡国之险对曾国藩触动很大；二则太平军以神权控制民众，这于曾国藩看来无异于亡种；三则乱世用重典，是委人重才能的现实需要。曾国藩明知赵广汉（刘晏也一样）的结局悲惨，依旧表示效仿，实在是一副"苟利国家生死以，岂因祸福趋避之"的心肠。

【原文】

2.5 一将岂能独理？则协理之文员、武弁，在所必需。虽然，软熟①者不可用，谄谀者不可用，胸无实际、大言欺人者不可用。营官不得人，一营皆成废物；哨官②不得人，一哨皆成废物；什长③不得人，十人皆成废物。滥取充数，有兵如无兵也。

2.6 选哨官、什长，须至勇至廉。不十分勇，不足以倡众人之气；不十分廉，不足以服众人之心。

2.7 近人贪利冒功。今日求乞差使争先恐后，即异日首先溃散之人。屈指计之，用人不易。

2.8 人才因求才者之智识而生，亦由用才者之分量而出。用人如用马，得千里马而不识，识矣而不能胜其力，则且乐驽骀④之便安，而斥⑤骐骥⑥之伟骏矣。

2.9 古之治兵，先求将而后选兵。今之言兵者，先招兵而并不择将。譬之振衣者，不提其领而挈其纲，是棼⑦之也，将自毙矣。

（以上五节，为胡文忠公语）

【注释】

①软熟：怯懦圆滑。

②哨官：一哨之最高长官。哨，古时的军事单位。湘军时，哨设置在营制以下，编制为80人，一个营设有4哨。

③什长：此为湘军编制，哨以下设队，共10人。每个队设立什长一名。

④驽骀（nú tái）：驽、骀都是劣马，喻指才能低劣者，或低劣的才能。

⑤斥：观上下文可知，斥，实为因力不能驾驭而胆怯不敢用之意。

⑥骐骥：骏马，亦指代千里马。常用来喻指贤才。

⑦棼（fén）：纷乱。

【译文】

2.5 营务巨细岂是统兵之将一人所能打理的？所以需要协理的文武吏员，就在所难免。一将岂能独理，则协理之文员、武弁，在所必需。即便如此，怯懦、油滑之人不可用，谄媚阿谀之人不可用，内无真才实干、外则大言不惭之人不可用。营官选择不当，则全营兵士皆成废物；哨官选择不当，则全哨兵士皆成废物；什长选择不当，则十人皆成废物。（兵士选用也是如此）

选兵不精而滥竽充数，则兵士再多也毫无用处。

2.6 哨官、什长的选用，必须要选择至为勇敢、至为廉洁之人。不能至勇，则无法引领众人勇武之血气；不能至廉，则无法赢得众人归服之心肠。

2.7 当下不少人贪求利益与战功。今日争先恐后乞求美差者，即是他日首先溃散逃离之人。屈指算来，这样的人不在少数，故而选用人才着实不易啊。

2.8 人才因求才者之智力见识而得以存在，也因用人者之量才用人而得以显露。用人如用马，得千里马而不能识，抑或识别而不能承受其活力，则势必苟且自乐于驽马的安稳便利，而胆怯于千里马之雄伟俊逸。

2.9 古人治兵，先择用统兵之将，而后招募选用兵士。今天谈论治兵的人，却首先招募兵士而不是先择用统兵之将。这就好比抖动衣服的人，不去抓住衣服的领子而是乱抖一气，这就是自我扰乱，必将自取灭亡。

（以上五节，为胡文忠公语）

【故事链接】

窦婴舍金与楚灵王丧身

胡林翼说："古之治兵，先求将而后选兵。"

公元前154年（汉景帝三年），吴、楚等七国反叛。景帝召窦婴为大将军，窦婴坚拒。窦婴推辞多次后，景帝对他说："今天下遭难，危急之秋，岂可推辞？"

于是，景帝直接下旨任命窦婴为大将军，赐金（汉代，金银铜有时混称，此处未必就是黄金）千斤。事实证明，景帝虽然度量不如他老子，可是看人还是有准头的。窦婴把皇帝赏赐的千金原封不动放在了走廊穿堂上，让属下军卒经过时，自己掂量用度任意拿取，窦婴自己一毫也没拿。窦婴平定七国之乱后，受封魏其侯。

楚灵王在位时，正是楚国最为强大的时期，楚国与北方的晋国，两大诸侯国平分霸权。楚灵王登上王位的第三年，他召集各个诸侯国，邀请他们在楚国申地进行会晤。可是，晋国，鲁国和卫国没有来参加。为此，楚灵王大为生气。

于是，因为宋国国君没亲子参会而是派了太子参加，楚灵王就把宋国的太子给抓起来关了禁闭。在会议期间，还羞辱徐国国君。就连齐国这样的大国，他也没放过，直接扣留了齐国的使节。如果到此为止，还算事出有因。可是楚灵王却杀死了楚国无辜的将士发泄私愤。老子惹哪个喽？！楚国冤死的将士，让活着的人擦亮了眼睛。

过了不到一年，楚灵王带着卫队前往南边的乾溪游玩。在他游玩期间，楚国国内发生了政变。跟随他的军队，听说国内发生了政变，不但没有去平息政变，反而便一哄而散，把楚灵王一个人扔在了那里。楚灵王活活饿死。

将是兵的魂，军队军力强弱，首先取决于将领的素质。将领素质过硬，军队则会进退有据；如果统军将领先昏了头，军队一盘散沙乌合之众，就可想而知了。胡林翼所谓治兵先求将，可谓深得其中滋味。

而湘军前期军纪之严，凝聚力之盛，也多亏有罗泽南、李续宾、刘蓉、王鑫等儒生将领。后期，湘军军纪暴戾，军力下滑，也多因统兵大将多为武人，自身先已败坏。对比之下，越发见识胡林翼的见事之明。

【原文】

蔡按：曾谓人才以陶冶而成，胡亦曰人才由用才者之分量而出。可知用人不必拘定一格，而熏陶裁成之术，尤在用人者运之以精心，使人人各得显其所长，去其所短而已。窃谓人才随风气为转移，居上位者，有转移风气之责（所指范围甚广，非仅谓居高位之一二人言。如官长居目兵之上位，中级官居次级官之上位也），因势而利导，对病而下药，风气虽败劣，自有挽回之一日。今日吾国社会风气败坏极矣，因而感染至于军队。以故人才消乏，不能举兵①之实绩。颓波浩浩，不知所届②。惟在多数同心同德之君子，相与提挈维系，激荡挑拨③，障狂澜于既倒，俾④善者日趋于善，不善者亦潜移默化，则人皆可用矣。

【注释】

①举兵：此处所谓举兵，

应是练兵之意。另有版本作"举练兵",未必妥当。

②届:极限,尽头。

③挑拨:本意为使灯明亮,此为启发之意。

④俾:使。

【译文】

蔡锷按:曾国藩认为,人才是可以教化培养出来的;胡林翼也说,人才是用人者量才使用才能显露头角。可知,用人当不拘一格,而人才的教化栽培方法,尤其在于用人者之专注与诚心,识别人才之短长,用其长、避其短而已。我认为人才是会受风气影响而改变的,因而身在上位的人,有改坏风气为好风气的职责(这里说的上位者,其范围很广泛,并非特指身居高位的一两人而言。如官长就是目兵的上位,中级军官就是次级军官的上位)(只要上位者能根据实际情况)因势利导,对症下药,纵然风气已经败坏,也自有能挽回的那一天。当下,我们国家的社会风气已经败坏到了极点,其结果导致军队也已然受到污染。以至于人才匮乏,根本无法达到练兵的实际效果。这种颓废的风气,如浩浩江水,不知何时才是尽头。只有依靠我们大多数志同道合之人,相互扶持以保人心不散,给予动荡中的人们以光明启发,挽狂澜于既倒,使品行好的人更加尚德,品行不好的人也能(因我辈努力之影响)潜移默化终将良善,这样一来,则人人皆为可用之才。

第三章 尚志

【导读】

蔡锷将"尚志"列为"将才""用人"之后，其对志向于人之影响的重视可见一斑。蔡锷辑录本书时，已经身为军职，其实以前他已经从事兵事教学、训练等相关事业很久了。他先处局外，后进入局中，加上他军事学习的经历，对于军人素质的重要主次，他的感受当深于常人，他的见识当高于常人。

"尚志"语出《孟子》。孟子是以浩然正气著称的。齐国的王子垫问孟子："士都干些什么事情？"孟子告诉他："士要使自己的志行高尚。"孟子离开齐国的时候，曾经跟他的弟子充虞说过一段话：如今，不过是上天还不想天下太平罢了，如果想要天下太平，当今之世，舍我其谁也！实在是霸气十足。孟子也正是靠着这"舍我其谁"的志向，与其他学派争高下，较短长。

所以，曾国藩说："凡人才高下，视其志趣。"人与人的分际，看其志向高低即可断出。胡林翼更是点出以正命为志向，"吾人任事，与正人同死，死亦附于正气之列，是为正命"。二公之所以重视尚志，是因为他们有一个共识，那就是没有高洁的志向，纵然身俱智勇，也会被妄念牵之而去，更别说那些本就不坚定的人了。

曾胡所处之时局，实在已经大坏。朝廷腐朽，内忧外困，几不可支，复又太平军割据，以神权愚民，国家民族无异于处在骨山血海。蔡锷在云南任职时，中国的局面与半世纪前相较，更加不如。处在这种败坏局势之下，即便仁人志士亦多有心灰意冷。如要挽狂澜于既倒，扶大厦于将倾，首先就要尚志。不如此，则犹如扁舟航于大海，盲人行于夜路。故而，蔡锷疾呼：我辈须得将己之耿耿寸心，付诸于骨山血海，义无反顾，才能挽救当下之恶劣局势。

【原文】

3.1 凡人才高下，视其志趣。卑者安流俗庸陋①之规，而日趋污下；高者慕往哲隆盛之轨②，而日即高明。贤否智愚，所由区矣。

3.2 无兵不足深忧，无饷不足痛哭。独举目斯世，求一攘利不先、赴义恐后，忠愤耿耿者；不可亟得。或仅得之，而又屈居卑下，往往抑郁不伸，以③挫，以去，以死。而贪饕退缩者，果骧首④而上腾，而富贵，而名誉，而老健不死。此其可为浩叹者也。

3.3 今日百废莫举，千疮并溃，无可收拾。独赖此耿耿精忠之寸衷⑤，与斯民相对于骨岳血渊之中，冀其塞绝横流之人欲，以挽回厌乱之天心，庶几万一有补。不然、但就时局而论之、则滔滔者吾

不知其所底也。

3.4　胸怀广大，须从平淡二字用功。凡人我之际，须看得平；功名之际，须看得淡；庶几胸怀日阔。

3.5　做好人，做好官，做名将，俱要好师、好友、好榜样。

3.6　喜誉恶毁之心，即鄙夫患得患失之心也。于此关打不破，则一切学问、才智，实足以欺世盗名。

3.7　方今天下大乱，人怀苟且之心。出范围之外，无过而问焉者。吾辈当立准绳，自为守之，并约同志共守之，无使吾心之贼，破吾心之墙子。

3.8　君子有高世独立之志，而不与人以易窥；有藐万乘⑥、却三军之气，而未尝轻于一发。

3.9　君子欲有所树立，必自不妄求人知始。

3.10　古人患难忧虞之际，正是德业长进之时。其功在于胸怀坦夷，其效在于身体康健。圣贤之所以为圣贤，佛家之所以成佛，所争皆在大难磨折之日，将此心放得实，养得灵。有活泼泼之胸襟，有坦荡荡之意境。则身体虽有外感，必不至于内伤⑦。

（以上十节，为曾文正公语）

【注释】

①庸陋：平庸浅陋。

②隆盛之轨：隆盛，一般用于国家，故译为"兴国安民"。轨，此为先贤兴国安民的法度、方法。

③以：此处表示并列关系。

④骧首：意气轩昂。此处褒义贬用，有小人得志之意。

⑤寸衷：内心。

⑥万乘：基本有三个意思，一是指代天子/国君（万乘之尊）；二是万辆战车；三是指代大国（万乘之国）。此处有人译为"王侯"，则是取第一个意思。联系上下文，辅以曾氏统兵之局势，似宜取第二个意思。

⑦外感、内伤：中医病证名称。外感，是指使人体感受疾病的统称；内伤，是指外部因素引起的体内疾病或损伤。此处借喻指代受外部影响，从而使内心不能守正。

【译文】

3.1 判断人才高下，观其志向情趣即可分辨。志趣低劣者，苟安于陈腐、庸俗的陋习规矩，其行事也就越发鄙陋；志趣高尚者，仰慕先贤兴国安民的法度，其作为也就越发崇高明睿。人才高低优劣，由此即可区分。

3.2 兵力不足，不值得过于担忧；粮饷不够，亦不值得悲伤。放眼世界，唯独想求得一遇利益不争、逢义举恐后，忠心耿耿之人，却也一时难得。或者纵然得到了这样的人，却又使他屈居下位，郁郁寡欢有志难伸，或受挫不振，或激愤离去，或郁郁而终。而遇利贪婪、遇事萎缩者，却终能志得意满飞黄腾达，或得富贵，或赚名声，或康健长寿。这着实令人扼腕长叹呀。

3.3 今天的局势，百废待兴，千疮百孔，几已无从收拾。唯有依仗这于国于民忠诚之心意，与我民众共同奋战于骨山血海，希望以此来杜绝（不知觉醒，依旧麻木）物欲横流之人心，挽回厌战平和之天命，如此或许尚有补救乱世可能之万一。不然，仅以当下局势而言，已是颓势滔滔难以逆转，我不知它会败坏到何种境地！

3.4 若要心胸宽广，则须得在平淡二字上下功夫。与人相处，须得平和；功名之事，须得淡然；如此则心胸日益开阔。

3.5 欲做一好人、好官、名将，均需要良师、益友，效仿之楷模。

3.6 喜好虚名而厌恶批评，这是浅薄庸俗之人患得患失之见识。此心结不破，则其学问、才智，不过欺世盗名之工具而已。

3.7 当今天下大乱，人人各抱得过且过之心。于己身利害之外，漠视他人灾祸生死。我辈中人当立（匡扶乱世、拯救民族为）准则，自身坚守，并呼号志同道合者共同坚守，不使我们内心素有之邪念，毁坏内心守护正义之堡垒。

3.8 君子当有超凡脱俗与众不同之志向，却不会轻易为人所识破；有藐视强大敌人、力退三军之气魄，却不会轻易发作。

3.9　君子若要有所建树，必定从不奢求人人能明其心迹开始。

3.10　古人患难忧虑之际，正是其品德、功业长进之时。德业长进，首先是胸怀坦荡；其次为身体康健。圣贤之所以为圣贤，佛家之所以成佛，究其所获皆是在身受磨难之时，心神安定，心思良善、通达，有奋发向上之胸襟，有坚韧不拔的境界。如此，纵深受磨难侵扰，也不致于被妄念牵引而入邪道。

（以上十节，为曾文正公语）

【故事链接】

韩信甘受胯下之辱

曾国藩说："凡人才高下，视其志趣。"他认为，人与人的分际，从其志向情趣就可以判断。志向高的人，因其眼界格局高于常人，必不受庸人庸念的俗囿。苏轼《留侯论》说："古之所谓豪杰之士者，必有过人之节。人情有所不能忍者，匹夫见辱，拔剑而起，挺身而斗，此不足为勇也。天下有大勇者，卒然临之而不惊，无故加之而不怒。此其所挟持者甚大，而其志甚远也。"正是此意。

韩信这个人很不幸，虽然天赋异禀骨骼清奇，学得一身本领，可是活得比较悲惨。生逢乱世，幼失双亲，20多岁的大小伙子了还没有个像样的职业。可是，从他后来先弃项羽，复弃刘邦的行事来看，此时生活艰难没有挡住他的志向。安定的面容，颜色憔悴难掩他双目炯炯。他，依旧腰挂宝剑，昂首挺胸！可生活偏偏给他添点料。

一日，韩信前往市场要用鱼换点粮米。这时，一群无赖拦住了他。

"哟呵，这不是那个谁吗？"领头是个杀猪的屠夫，他仰着脸，咧着嘴放肆地大笑。

韩信面如止水，静静地看着屠夫，一副关爱智障的眼神。

屠夫的挑衅，没有引起韩信的激烈抗议，屠夫觉得智商受到了考验，拉下了脸，不再笑了，继而愤怒起来，你一个穷得叮当响的傻子，还敢看不起我？

屠夫大吼一声，声音如被捏住了脖子的鸭子："韩信，你都穷成啥样了，还在这里摆谱？大家伙都来看哈，快来看看，哈哈，看到没，他腰上还挎着铁片子呢。"

韩信难以理解地看着屠夫，仿佛在看着一只朝自己乱叫示威的吉娃娃，眼神如月光般皎洁。

屠夫被韩信的目光刺得内心一颤，这家伙眼神有毒啊。不过很快又猖狂了，我们20多个人呢，还打不死你！

屠夫猖狂地又裂开了大嘴："韩信，你有本事今天就杀了我，用你的铁片子，啊不，用你的铁剑。你的铁剑都生锈了吧，哈哈。要么就从我胯下钻过去。爷是个讲理的人，你选吧。"

韩信抬手握住了剑柄，手上的青筋突暴。接着，他长吐了一口气，我杀了这个无赖，我就得抵命。一条无赖之命，岂可与我命相提并论？且我的志向未展，怎能跟一个粗鄙的屠夫图逞匹夫之勇。

韩信，放下手，屈膝，匍匐，从屠夫胯下钻了过去。起身后，弹掉身上的土，一脸静气地离开了。后面留下了那群无赖放肆的笑声……

后来刘邦拜韩信为大将军，韩信统兵数十万，打败楚霸王项羽，结束了秦帝国遗留的乱局，为百姓的安定生活做出了极大的贡献。

胸怀大志的人，不会在乎一时的荣辱。他知道什么时候该出手，什么时候应当忍住。他明白真正的利害得失，明白真正的取舍之道。

公孙鞅劝说秦孝公

曾国藩说："君子欲有所树立，必自不妄求人知始。"成大事者，当有担当与毅力，即便自己的想法不为人所理解，甚至遭人非议，也要敢于坚持，而不是去求得别人的谅解。

公孙鞅入咸阳后，一日，他与甘龙、杜挚三人和秦孝公商谈发展秦国的决策。

秦孝公说："跟你们说了吧，我想要变法，只不过是害怕天下的人非议我。"

公孙鞅说："疑行无成，疑事无功。既然您决定了，那就不要顾虑遭人议论了。况且，高明之人行事本来就会惊世骇俗，见识卓绝的人本来就不容于世。俗语说：'愚者暗于成事，智者见于未萌。'就是这个道理。郭偃之法说：'论至德者不和于俗，成大功者不谋于众。'您又怎么指望全天下的人通晓您的见解呢？"

公孙鞅是在告诉秦孝公，既然想吃鱼，就不能怕腥。

孝公说："好！"他话还没说完，甘龙首先表达了不同意见。

甘龙说："自古不轻易变法，变法百姓就无所适从。天下也必然会非议您呀。"

公孙鞅说："你这是俗人之见。要是世事无变，哪里来的夏商周三代呢？又哪里来的春秋五霸呢？所以，聪明的人制定法度，愚昧的人顺从法度。大王就别犹豫啦。"

如果抛除在宏观历史中公孙鞅变法的利与害，单就他劝说孝公变法这件事来说，公孙鞅的说法是对头的。他劝孝公变法的同时，也明告孝公："然亦难以比德于殷周矣。"什么意思呢，就是变法归变法，但您的名望德行也就难以与商汤、文王武王相提并论了。秦孝公为了变法，宁肯不顾忌天下人的议论，不要圣贤的名声，这就是曾国藩所说"不妄求人知"的勇气和志向。

【原文】

3.11 军中取材，专尚朴勇，尚须由有气概中讲求。特恐讲求不真，则浮气、客气①夹杂其中，非真气耳。

3.12 人才由磨炼而成，总须志气胜乃有长进。成败原难逆睹②，不足以定人才。

3.13 兵事以人才为根本，人才以志气为根本。兵③可挫而气不可挫，气可偶挫而志不可挫。

3.14 方今天下之乱，不在强敌，而在人心。不患愚民之难治，而在士大夫之好利忘义而莫之惩。

3.15 吾人任事，与正人同死，死亦附于正气之列，是为正命④。附非其人，而得不死，亦为千古之玷，况又不能无死耶！处世无远虑，必有危机。一朝失足，则将以薰莸⑤为同臭，而无解于正人之讥评。

（以上五节，为胡文忠公语）

【注释】

①客气：一时的意气，偏激的情绪。

②逆睹：预知，预见。

③兵：此为军事形势。

④正命：顺应天道而死，即为受正命。曾国藩此处以正命表达，人应该舍生取义，死得其所。

⑤薰莸（xūn yóu）：薰，香草；莸，臭草。常用来指代善恶、贤愚、好坏等。

【译文】

3.11 军队中选拔人才，专门崇尚朴实勇敢，崇尚朴实勇敢必须要在气概上下功夫。（说到气概）最为担心的是所讲求的没有落到实处，如此一来，轻率、浮躁之气，意气、偏激之气夹杂其中，这些都不是真正的气概。

3.12　人才是磨炼而成的，因而志气总得不怕磨炼才能有所长进。成败原本就难以预料，也就不能以一时成败来决定人才高下了。

3.13　兵事以人才为根本，人才以志气为根本。军事可以受挫，但士气不可受挫；即便士气偶有受挫，但心志不可受挫。

3.14　如今天下的乱局，不在对付强敌，而在收拾人心。不在于百姓难以治理，而在士大夫好利忘义却得不到惩罚。

3.15　我辈行事，当与正直之人同死，死也归于正气行列，我们所受的就是正命。以小人为榜样，即便能活下来，也是永恒的污点，况且还能长命不死不成？！立身处世，没有远虑，必有近忧。一旦失足，（往日所努力保持的清白之身）则将与小人无异，难免于正直之人的评议。

（以上五节，为胡文忠公语）

【故事链接】

文天祥以受正命为志向

胡林翼说："我辈行事，当与正直之人同死，死也归于正气行列，我们所受的就是正命。"这既是胡林翼为坚持己心之正义，而不避生死的心迹表白，也是他对所选用人才的要求和期许。在胡林翼看来，没有受正命的志向，收拾人心也就无从谈起，所谓志气与朴勇也就失去依着。

儒家认为，顺应天道而死，即为受正命。胡林翼儒家造诣深厚，以救国为己命，自是推崇胸有大义、大志之人，南宋文天祥就是其一。

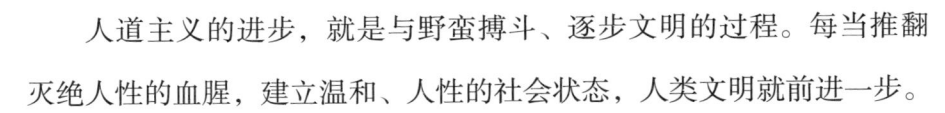

人道主义的进步，就是与野蛮搏斗、逐步文明的过程。每当推翻灭绝人性的血腥，建立温和、人性的社会状态，人类文明就前进一步。

文天祥考中状元时，南宋朝廷已经摇摇欲坠，北方的元帝国正准备吞并南宋。后来，元帝国军队进攻长江上游，南宋朝廷下令各地勤王抗击元军。文天祥也接到了诏书，此时的文天祥刚刚37岁，却因指斥奸佞而被迫致仕在家。

文天祥接到诏书，悲戚大哭。他当即召集了一万多人，急切前往京城抗敌。有人劝他说："元大军逼近，你这点子乌合之众前往不是羊入虎口吗，这与送死何异？"

文天祥长叹一声："国家存亡之际，唯有以身殉国，不做他想了。"

当时元军的手段很残忍，经常屠城。守城官兵敢于抵抗，一旦攻陷，全城老幼如数屠杀。在元军的恐怖重压之下，本来孱弱

的南宋军队，更无法抵挡元军的进攻了。终于，南宋在崖山一战失败，陆秀夫背负年仅8岁的皇帝跳海殉节。文天祥在广东兵败，自杀不成，被捉。

文天祥被囚禁在珠江口外零丁洋上的一艘船中，在船上，他写下了"人生自古谁无死？留取丹心照汗青"。如果这就是我生命的终结，那就这样吧，孔曰成仁，孟曰取义，今日之事，我，无怨无悔！

文天祥不仅仅是在保卫一个家园，面对元军的野蛮与血腥屠杀，他更是在保卫一个文明。正是认识到了人生的意义和价值，他准备为之献身。

文天祥被送到大都，忽必烈亲自劝降，许诺文天祥投降，即可为宰相。文天祥不为所动，最后南面而死，年仅四十七岁。暴力可以消灭肉体，但无法征服信念！

曾国藩当时的处境和文天祥颇似，都是赋闲在家，都是面临国家将倾之势，都是临危受命，都是敢于任事、勇受天命（曾国藩五六次置咸丰皇帝的旨意于不顾，是其士大夫不满于局势的脾气而已）。所不同的是，曾国藩所处局势之坏，不及文天祥所面临之大势难挽。曾国藩也几次兵败，甚至要跳水自杀，然终能屡败屡战，原因皆在勇受天命，不辞不避！

【原文】

蔡按：右列①各节，语多沉痛，悲人心之陷溺，而志节之不振也。今日时局之危殆，祸机之剧烈，殆十倍于咸、同之世②。吾侪身膺军职，非大发志愿，以救国为目的，以死为归宿，不足渡同胞于苦海，置国家于坦途。须以耿耿精忠之寸衷，献之骨岳血渊之间，毫不返顾，始能有济。果能拿定主见，百折不磨，则千灾万难，不难迎刃而解。若吾辈军人将校，但以跻高位、享厚禄、安富尊荣为志，目兵③则以希虚誉、得饷糈④为志，曾、胡两公必痛哭于九泉矣。

【注释】

①右列：蔡锷撰写时，为旧书体例，竖排左起。

②咸、同之世：亦即第一章蔡锷按语所说"咸、同之际"。太平天国起事于咸丰元年，败于同治三年。

③目兵：兵卒中的小头领。

④饷糈（xǔ）：军粮给养。

【译文】

蔡锷按：以上各节，言语中多有沉痛，实在是悲伤于人心沦落，志向节操难以挽救啊。今日时局的危险，隐患的剧烈，几乎十倍于咸

丰、同治年间。我辈既为军人，若不树立宏大志向，以救国为目的，以死节为归宿，则不足以拯救万民于水火，引领国家于坦途。我辈须得将己之耿耿寸心，付诸于骨山血海，义无反顾，才能挽救当下之恶劣局势。果真能拿定主意，百折不回，纵然千难万难，亦可迎刃而解。若我辈军人军官，只是以跻身高位、享受厚禄、安富富尊荣为志向，目兵则以求虚名、得粮饷为志向，若曾胡二公有知，恐必定痛哭于九泉之下吧？

第四章　诚实

【导读】

　　本章论及诚实,既有泛指为人宏观大略上就应诚实,也有具体到军人不诚实的严重后果。诚实,早在先秦就已经成为文化共识。儒家、道家等都认为天道以诚,人应因诚行事,所谓"诚者,天之道也;思诚者,人之道也。"本章第一句曾国藩所言"诚者物之终始,不诚无物"正是此意,亦算是本章之纲。

　　曾胡二公所论诚实,是延续儒家"诚意,正心,修身"这条主线来阐述的。曾国藩说,人不能虚中,如虚中,就会既自欺、又欺人,自欺欺人是为不诚意,意不诚则心不正,心不正则身不修,身不修则无所忌惮、恣意妄为。

　　曾胡二公书生从戎之时,清帝国气数劫难已然难挽,上则昏聩难已,仁义不施,下则民智未开,争民施夺。外有列强入侵,西风东渐已成;内有太平军起事,神权侵扰传统文化。当此局势,士大夫却多为昏庸碌碌之辈,好利忘义之徒,曾胡二公空怀灭贼救国之心,莫能奈何,不得不疾呼:"不患愚民之难治,而在士大夫之好利忘义而莫之惩。"

　　天下大坏不在局势,而在人心,"知己之过失,即自为承认之地,改去毫无吝惜之心,此最难之事"。因而,曾、胡起兵之时,就极重人选,而人选之重在其心,其心之重在其诚,"天下惟忘机可以消众机,惟懵懂可以被不祥"。

　　于兵事、军人而言,诚实关乎紧要更甚。故而,曾国藩提出"须有一诚字以为之本。"不诚实的油滑之人,"其神情之飞越,足以摇惑军心；其言语之圆滑，足以淆乱是非"。胡林翼更是直接说道："军旅之事，胜败无常，总贵确实而戒虚捏……粤逆倡乱以来，其得以肆志猖獗者，实由广西文武欺饰捏报，冒功幸赏，以致蔓延数省，流毒至今，莫能收拾。"

如果说尚志重在格局，格局大者不拘小节，那么诚实则是需要"众无大小，推诚相与"，是需要时时处处因循诚实的。

【原文】

4.1 天地之所以不息，国之所以立，圣贤之德业所以可大可久①，皆诚为之也。故曰："诚者物之终始，不诚无物②。"

4.2 人必虚中③不著④一物，而后能真实无妄。盖实者不欺之谓也，人之所以欺人者，必心中别著一物。心中别有私见，不敢告人，而后造伪言以欺人。若心中了不著私物，又

何必欺人哉！其所以欺人者⑤，亦以心中别著私物也。所知在好德，而所私在好色。不能去好色之私，则不能不欺其好德之知矣。是故诚者，不欺者也；不欺者，心无私著也；无私著者，至虚者也。是故天下之至诚，天下之至虚者也。

4.3 知己之过失，即自为承认之地，改去毫无吝惜之心，此最难之事，豪杰之所以为豪杰，圣贤之所以为圣贤，便是此等处磊落过人。能透过此一关，寸心便异常安乐，省得多少纠葛，省得多少遮掩装饰丑态。

4.4 盗虚名者，有不测之祸；负隐慝⑥者，有不测之祸；怀忮心⑦者，有不测之祸。

4.5 天下惟忘机⑧可以消众机，惟懵懂可以祓⑨不祥。

4.6 用兵久则骄惰自生，骄惰则未有不败者。勤字所以医惰，慎字所以医骄。二字之先，须有一诚字以为之本。立意要将此事知得透，辨得穿。精诚所至，金石亦开，鬼神亦避，此在己之诚也。人之生也直，与武员之交接，尤贵乎直。文员之心，多曲多歪，多不坦白，往往与武员不相水乳。必尽去歪曲私衷，事事推心置腹，使武人粗人，坦然无疑，此接物之诚也。以诚为之本，以勤字、慎字为之用，庶几免于大戾，免于大败。

（以上六节，为曾文正公语）

【注释】

①可大可久：多用于大的德性和功业，德性可以长久，功业可以显赫。语出《易经·系辞上》："有亲则可久，有功则可大；可久则贤

人之德，可大则贤人之业。"曾国藩不止说过一次。《曾文正公嘉言钞》也有类似的话，"天下事，未有不从艰苦中得来而可久可大者也"。

②诚者物之终始，不诚无物：万物自始至终皆依赖于"诚"而存在，没有"诚"就没有万物。语出《中庸》："诚者物之终始，不诚无物。是故君子诚之为贵。"

③虚中：没有杂念，心思专注。郑玄《礼记注》："虚中，言不兼念余事。"清人唐甄《潜书·思愤》："虚中者，道所居也；空外者，心所安也。美好盈于外，爱乐縻于中，则心佚而道亡。"

④著（zhuó）：依附，沾染。本书"著"字，或同着（zhuó），或同着（zhāo），后文不再注解。

⑤欺人者：此处应是原文纰漏，应为"自欺者"。

⑥隐慝（tè）：不为人知的罪恶，不可告人的罪恶。语出《左传·僖公十五年》："震夷伯之庙，罪之也，於是展氏有隐慝焉。"杨伯峻注："隐慝可有两义，一谓人所不知之罪恶，一谓不可告人的罪恶。"《左传》此句，是说雷击夷伯展庙，必定是因他曾有不为外所知的罪恶。

⑦忮（zhì）心：忌恨、嫉妒之心。语出《庄子·达生篇》："复仇者，不折镆干；虽有忮心者，不怨飘瓦。"《庄子》此句，是说天道自然，人处事顺其自然即可。比如复仇的人不会找伤害他的宝剑算账（而应该找拿剑的人），即便心胸狭隘的人也不会去怨恨伤了他的瓦片。

⑧机：心思，念头。

⑨祓（fú）：消除。

【译文】

4.1　天地万物之所以生生不息，国家之所以得以存活，圣贤之德性功业之所以光大恒久，都是因为"诚"的缘故啊。所以说："万物自始至终皆依赖于'诚'而存在，没有'诚'就没有万物。"

4.2　人必须要没有杂念、心思专注，不使自己受到任何一物的干扰，如此才能坚守信实，不敢诈伪。这是因为所谓信实，就是不欺瞒。人之所以要欺瞒别人，必定是心地不纯，胸有杂念。心有私念，不敢明示告人，就会编造谎言来欺骗别人。若胸怀坦荡，又何必欺瞒别人呢！之所以自己欺瞒自己，也是因为心地不纯，胸有杂念。人的良知在于崇尚道德，私欲则莫过于好色。不能去掉好色的私心，就不能不欺骗自己好德的良知了。所以说，不行欺瞒的人，心无杂念；心无杂念的人，就是心思最为单纯、专注的人。所以天底下最诚实的人，必定是天底下最纯洁的人。

4.3　知道自己的过失，便是自觉认可自己的不足之处，不吝惜私欲改正不足的决心，这是最为艰难的事情。豪杰之所以为豪杰，圣贤之所以为圣贤，就是因为他们的光明磊落超过常人。能悟透这一关节，内心便无比安逸快乐，省去诸多纠结，省去诸多掩饰自身不足的丑态。

4.4　欺世盗名的人，会有难料的灾祸；包藏祸心的人，会有难料的灾祸；心胸狭隘的人，会有难料的灾祸。

4.5　世上之人，只有不算计别人才能消除别人对你的算计，只有不过分计较才能消除灾祸。

4.6　为将统兵时日一久，就难免会滋生骄惰之气，心生骄惰则没有不失败的。勤是用来医治怠惰的，慎是用来医治骄傲的。然而在勤与慎之前，还需确立以诚为根本。下决心要将其中的道理参得透彻，辨析清楚。精诚所至，金石为开，鬼神亦不能阻挡，这都是自己诚意的缘故啊。人凭借正直存活于世，与军人交往，更需要注重正直。文人的心思，弯弯绕绕太多，不能直来直往，往往就会与军人产生矛盾。必须去除不公正的私心杂念，凡事都与军人推心置腹，使军人粗人坦然没有疑虑，这就是交往的诚意。以诚立心，以勤和慎行事，基本就可以免于大错，免于大败了。

（以上六节，为曾文正公语）

【故事链接】

戚继光选兵

曾国藩说:"军营宜多用朴实少心窍之人,则风气易于纯正。"从他宁肯重用乡气之人,而摒弃官气之人,到用质朴实在之人,而不用多心窍之人,曾国藩"选士人,领山农"是他一贯的用人标准。在他看来,只有实诚的兵士才能形成战斗力。无独有偶,明朝戚继光选兵,也是本着这条路子,甚至有过之而无不及。

1556年(嘉靖三十五年),戚继光从山东调往浙江不到一年,就升任参将。28岁正三品武职,戚继光还没来得及乐呵乐呵就被劈头一棒打蒙了。原来,这时正巧有一支800余人的倭寇流窜至浙江慈溪,明朝这边派出一万人的大军围剿。戚继光率兵参加。十个打一个,又是主场作战,战事似乎应该没有波澜。可是接下来的局面却让后世的人大跌眼镜,倭寇竟然还分兵三路主动出击。戚继光刚想吹响冲锋号,他手下的兵士却如退潮之水,哗然败逃,戚继光目瞪口呆,还有这样的兵?!任凭戚继光怎么呼唤,没人听他的。情急之下,戚继光登上高石,连射三箭射死三个倭寇头领,倭寇震惊,一片慌乱,戚继光手下的逃兵这才回过头来。

其实,在前一年,也就是1555年(嘉靖三十四年),一只72人的倭寇小分队从杭州湾登陆,一路横扫浙江、安徽、江苏,最后竟然要攻打南京城。明史看到这段,令人抓破脑袋也想不明白,72个倭寇怎么能够如此骄横,一路杀到南京?可这怪事就发生了。

导致这样事情的发生，原因固然很多，但明朝卫所之兵油滑不堪一用，是不争的事实。戚继光也看到了这一点，不再指望卫所的兵士，他决定另起炉灶，招募新兵。

招募新兵也不那么容易，朝廷养了那么多兵你不用，还要自行招募，这不是额外浪费一份钱粮吗？幸亏正处在上升期的戚继光运气还算不错，无论是胡宗宪还是谭纶，乃至后来的张居正，都尽量满足他的要求。光有上级支持还不行，因为当时的胡宗宪并不能完全明白自己这位年轻参将的意图。他拨给戚继光3000绍兴兵，可是戚继光很快就发现了老问题，怯懦怕死，见到好处就抢，遇到险情就逃，比泥鳅还油滑。

于是戚继光亲自招募，这次他把目光投向了义乌，为什么挑选这里的兵呢？最大的原因是穷，且民风不彪悍。戚继光还立下具体的招

募兵士的标准：脸皮白净的不要，口齿伶俐的不要，痞里痞气的滚刀肉不要。戚继光认为，这三类人都是油滑之徒，根本靠不住，一旦形势危急，这些人甚至会拉帮结派逃离队伍。这哪儿是兵啊，活活就是一群太爷。戚继光早就被这样的兵坑苦了，所以他招兵宁缺毋滥。再看看他招募的新兵，个个老实木讷，黑大粗壮，皮肉粗糙。戚继光就这样创立了戚家军，成为倭寇的克星。

戚继光招兵的标准似乎有些以貌取人，其实不然，这是戚继光认识到了一个根本问题，军队就必须是整齐划一，不如此就不能形成战斗力。其实，观曾国藩选兵，思路、标准与戚继光如出一辙。

【原文】

4.7 楚军水、陆师之好处，全在无官气而有血性。若官气增一分，血性必减一分。

4.8 军营宜多用朴实少心窍之人，则风气易于纯正。今大难之起，无一兵足供一割之用，实以官气太重，心窍太多，漓朴散醇①，真意荡然。湘军之兴，凡官气重、心窍多者，在所必斥。历岁稍久，亦未免沾染习气，应切戒之。

4.9 观人之道，以朴实廉介②为质③。有其质而傅以他长，斯为可贵。无其质而长处亦不足恃。甘受和，白受采④，古人所谓无本不立⑤，义或在此。

4.10 将领之浮滑者，一遇危险之际，其神情之飞越，足以摇惑军心；其言语之圆滑，足以淆乱是非。故楚军历不喜用善说话之将。

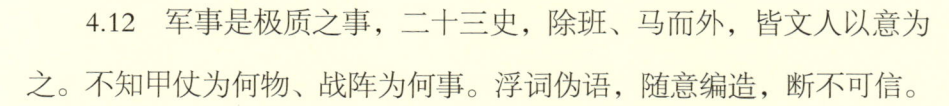

4.11 今日所说之话，明日勿因小利害而变。

4.12 军事是极质之事，二十三史，除班、马而外，皆文人以意为之。不知甲仗为何物、战阵为何事。浮词伪语，随意编造，断不可信。

4.13 凡正话实话，多说几句，久之人自能共亮其心。即直话亦不妨多说，但不可以讦为直，尤不可背后攻人之短。驭将之道，最贵推诚，不贵权术。

4.14 吾辈总以诚心求之，虚心处之。心诚则志专而气足，千磨百折，而不改其常度，终有顺理成章之一日。心虚则不客气，不挟私见，终可为人共谅。

4.15 楚军之所以耐久者，亦由于办事结实，敦朴之气，未尽浇散。若奏报虚伪，不特畏遐迩之指摘，亦恐坏桑梓之风气。

4.16 自古驭外国，或称恩信，或称威信，总不出一信字。非必显违条约，轻弃前诺，而后为失信也。即纤悉之事，謦笑之间，亦须有真意载之以出。心中待他只有七分，外面不必假装十分。既已通和讲好，凡事公平照拂，不使远人吃亏，此恩信也。至于令人畏敬，全在自立自强，不在装模作样。临难有不屈挠之节，临财有不沾染之廉，此威信也。周易立家之道，尚以有孚之威⑥，归诸反身，况立威于外域，求孚于异族，而可不反求诸己⑦哉！斯二者，似迂远而不切于事情，实则质直而消患于无形。

（以上十节，为曾文正公语）

【注释】

①漓朴散醇：朴实漓薄，醇厚殆尽。语出《庄子·缮性》："兴治

化之流，浇醇散朴，离道以善，险德以行。"

②廉介：廉洁耿介。

③质：根本。

④甘受和，白受采：甘能和众味，白易着色。语出《礼记·礼器》："甘受和，白受采；忠信之人，可以学礼。"

⑤无本不立：没有基础，就不能产生道。语出《论语·学而》："君子务本，本立而道生。孝弟也者，其为人之本与！"儒家认为，孝是根本，没有孝就不会有处世的正确观念和方法。

⑥有孚之威：有令人信服的威望。孚，信服。

⑦反求诸己：即孔子所说的"躬自厚而薄责于人"。遇到问题，先检点自身，这是儒家的修身观。

【译文】

4.7 楚军水师和陆军的

长处，就在于全军上下没有官气而有血性。（要知道）若是官气增长一分，那么血性必然减少一分。

4.8　军队中应该多用忠厚朴实没什么心计的人，如此则军队风气就容易纯正。如今大难一来，朝廷竟然没有可用之兵，实在是军队中官气太重，心计太多，朴实漓薄、醇厚殆尽，真心实意荡然无存。湘军乍兴时期，凡是官气重、心计多的人，那是一定不用的。而今时日一久，也难免沾染了坏的习气，应该深为警惕。

4.9　考察人的方法，以朴实廉正为根本。有了这样的品质，再加上他的技能特长，这就是难能可贵的人了。没有这样的品质，纵然有技能长处那也是靠不住的。甘可以和百味相融，白可以染成任意颜色，古人说无本不立，其道理就在于此吧。

4.10　将领中那些轻浮油滑的人，一遇上危险，慌张的神情立即就会溢于言表，这足以动摇军心；他们圆滑无实的话语，足以混淆是非。所以，楚军从来都不喜欢任用高谈阔论的将领。

4.11　今日所言，可别到了明天就因贪图小利而改变。

4.12　军事是很实在的事情，二十三史中，除了班固的《汉书》，司马迁的《史记》外，其余的都是文人凭着想象杜撰的。文人不知道兵器铠甲是什么东西，不知道排兵布阵是怎么回事。一味用浮夸不实的语言随意编造，万万不能相信。

4.13　凡是正直、实在的话，多说几句，时间长了别人自然能够明白你的心意。即便是直来直去的话多说也无妨，只是不能把专门刺痛人家隐私或缺陷的话当作耿直，尤其是不能背地里诋毁别人的短处。

驾驭将领的正确方法，最可贵之处就在推诚布公，而不是玩弄权术。

4.14　我们总得要诚心待人，虚心处世。心诚就能心志专注而精神饱满，纵然历经再多磨难挫折，也初衷不改，则顺理成章成就一番事业指日可待。虚心容人就不会争一时意气，就不会出事时裹挟私怨，这样一来总会被大家所理解。

4.15　楚军之所以盛名持久，也是因为他们做事脚踏实地，淳朴的军纪军风没有消散。若是浮夸冒功于朝廷，不但畏惧远近的批评指责，也恐败坏了家乡的良好风气。

4.16　自古以来，中华制约外域或用恩信，或用威信，总之跑不出一个信字。并非公开违反条约，轻易放弃自己的以前许诺才算失信。即使细小琐事，甚至一颦一笑之间，也必须要以真情实意来对待。若心中对他只有七分，就不必假装出十分的样子对待他。既然双方互通

和好已经谈定了，那凡事就公平对待，不让外域之人吃亏，这就是恩信。至于使人敬畏，全在自立自强，不在装模作样。面对危难有不屈不挠的气节，面对财货有不染不贪的廉洁，这就是威信。《周易》所载的立家之道，尚且以令人敬服的威望来要求自己，何况在外域面前树立威信呢？又怎么能不深究自己呢？这两点看似有些迂阔不合时宜，实际却是质朴正直才能消除祸患于无形。

（以上十节，为曾文正公语）

【故事链接】

燕国背信弃义自取其辱

"既已通和讲好，凡事公平照拂，不使远人吃亏，此恩信也。"曾国藩的这句话，虽然有一点天朝上国自居的意味，可是本意却是落脚在契约的遵守上，要践诺，要公平。

战国后期，赵国历经长平一战后，元气大伤。某些诸侯国便开始趁火打劫，想到赵国捞一把。燕国就是其一。

公元前251年（燕王喜四年），秦昭王去世。秦国对外的战争暂时告一段落，趁着这个空档，燕国开始谋划赵国。燕王喜先是派相国栗腹去赵国，名义上是签订友好条约，实际上是去探听虚实。

栗腹到了赵国，戏份演得很足。不但非常顺利地签订了条约，还送给赵王五百金，笑呵呵地说："些许小钱，不成敬意，以为赵王酒资吧。"赵国正当精疲力竭之时，多一个朋友总比多一个敌人要好，所以很感激燕国的和平诚意。

可是栗腹一回国，就兴奋地对燕王喜说："赵国现在没什么精壮劳力了，剩下的都是老幼病残孕，现在去攻打赵国，正是时候。"

燕王喜很高兴，哈哈，那就打吧，我本来就有这个意思。

可是有两个人不同意，一个是乐间，一个是将渠。乐间是燕国大将乐毅之子，老子英雄儿好汉，虽然比不上父亲的威名，可是军事见识还是有的。乐间说："赵国从立国以来，就没有断过战事，北边与戎族打，西边与秦国打，南边与中原各国打，就从来没怂过。如今虽然伤了元气，可是正所谓哀兵不可欺，燕国此时去攻打赵国，未必能取胜。"

将渠则是从契约与守信践诺来劝诫："我们跟人家签订的和平条约墨迹未干，扭头就去打人家，师出无名呀。况且，你还送了人家五百金让人家打酒喝，赵国现在正念及我们的好处，贸然去攻打赵国，赵国受辱，上下必同仇敌忾，我们很难取得胜利。"

可是燕王喜已经吃了秤砣铁了心。后来，燕国果然被赵国打得很惨，廉颇甚至带兵围困了燕国的都城。最终还是在将渠的周旋下，才算躲过了更大的祸害。

【原文】

4.17　破天下之至巧者以拙，驭天下之至纷者以静。

4.18　众无大小，推诚相与。咨之以谋，而观其识；告之以祸，而观其勇；临之以利，而观其廉；期之以事，而观其信；知人任人，不外是矣。近日人心，逆亿①万端，亦难穷究其所往。惟诚之至，可救欺诈之穷。欺一事不能欺诸事，欺一时不能欺之后时。不可不防其欺，不可因欺而灰心所办之事，所谓贞固②足以干事也。

4.19 吾辈不必世故太深，天下惟世故深误国事耳。一部《水浒》，教坏天下强有力而思不逞之民；一部《红楼》，教坏天下堂官、掌印司官、督抚、司道、首府及一切红人。专意揣摩迎合，吃醋捣鬼，当痛除此习，独行其志。阴阳怕懵懂③，不必计及一切。

4.20 人贵专一。精神所至，金石为开。

4.21 军旅之事，胜败无常，总贵确实而戒虚捏。确实则准备周妥，虚饰则有误调度，此治兵之最要关键也。粤逆倡乱④以来，其得以肆志猖獗者，实由广西文武欺饰捏报，冒功幸赏，以致蔓延数省。流毒至今，莫能收拾。

4.22 事上以诚意感之，实心待之，乃真事上之道。若阿附随声，非敬也。

4.23 挟智术以用世，殊不知世间并无愚人。

4.24 以权术凌人，可驭不肖之将，而亦仅可取快于一时。本性忠良之人，则并不烦督责而自奋也。

（以上八节，为胡文忠公语）

【注释】

①逆亿：预先怀疑，臆测。亿，通"臆"。语出《论语·宪问》："不逆诈，不亿不信。"

②贞固：守持正道，坚定不移。

③阴阳：本意为掌握日月天地学问的人，此引申为精于世故的人。

懵懂：本意为心思不明，此引申为没有心机，思虑纯粹的人。

④粤逆倡乱：太平军造反。粤逆，太平军发于广西。倡乱，造反、带头作乱。

【译文】

4.17 化解天下最精巧谋划的方法恰恰是朴拙，驾驭天下最纷乱局面的方法恰恰是冷静。

4.18 无论老幼尊卑，都应以诚相待。向他询问应事的谋略，以考察他的见识；告诉他祸患临头，以考察他的勇气；用利益去诱惑他，以考察他的廉洁；委托他一件事情，以考察他的信实；人才的了解、任用方法，不外乎就是这样。现在人的心思多伪诈，纵然多方预料揣度也难以全部明了。只有依靠真情实意，方可应对欺诈的弊端。欺骗人一件事情可以，但却无法事事都骗人；欺骗人一时可以，但无法时时都骗人。防人之心不可无，但也不能因为被欺骗而对所进行的事业心灰意懒，坚贞不渝才能做大事。

4.19 我们不必精于世故，天下最祸害国事的就是精于世故了。一部《水浒传》，教坏了天下多少身强力健的百姓；一部《红楼梦》，教坏了天下多少堂官、掌印司官、督抚、司道、首府及一切热衷《红楼梦》之人，一味揣摩迎合上司，同僚之间相互妒忌、拆台。应当痛下决心摒除此等陋习，践行自己的志向节操。精于世故算计的人也怕心胸坦荡的人，所以不必在意较精于世故之人的心思。

4.20 人贵在专一。精诚所至，金石为开。

4.21 军队作战，虽说胜败无法预料，可总得准确如实而不能凭空捏造。军情真实才能准备周当，虚构军情粉饰自己功劳则会贻误军事调度，这是治兵最为关键之处。太平军造反以来，他们之所以能够得志肆意的原因，实则是广西当地文武官员欺瞒掩饰，捏报军情，冒功讨赏，以至于太平军蔓延数省，流毒至今，局面难以收拾。

4.22 侍奉上级以自己的诚意感动他，以真心对待他，这才是正确的侍奉方法。若是阿谀奉承随声附和，这并非是真的尊敬。

4.23 有些人怀有以计谋手段来处世的心思，殊不知世上谁又比谁聪明多少呢？

4.24 以权术凌驾于人，可以驾驭品行不端的将领，而且也仅仅是快意一时罢了。本性忠厚良实的人，不需督促就能奋发有为。

（以上八节，为胡文忠公语）

【故事链接】

赵襄子学驾车

胡林翼说:"挟智术以用世,殊不知世间并无愚人。"一个人,不能直道而行,心思歪了,总以为凭着自己的聪明才智可以占人家便宜,或是愚弄别人,这就是枉己。这样的人往往自觉才智过人,实则是别人不愿意以其道还施其身罢了。

从前有人送了条活鱼给郑国的相国子产,子产命管理池塘的小吏把鱼养在池塘里。这个小吏偷偷把鱼煮了吃了,回来却绘声绘色地复命说:"刚放进池塘时,这条鱼还半死不活的样子;可不一会儿它就晃动起身子,摇动起尾巴来啦,突然之间就游到深水不见了。"

子产听完,说:"鱼有了好去处,鱼有了好去处。"小吏出门后,对人说:"谁说子产聪明?我明明把鱼煮了吃了,他还在那里说什么'有了好去处,有了好去处'。"孟子说,对于君子,只能用合乎人情的道理来欺骗他,而不能违反情理的诡诈来迷惑他。

赵襄子跟随王子期学习驾驭车马,学成之后,赵襄子和王子期比试。两人换了三次马,都是王子期赢了。

赵襄子哀怨地说:"您叫我驾驭车马技巧,一定没有全部教我吧。您是不是还给自己留了一手啊?"

王子期说:"技巧已经全部传授给你了,你之所以输了比赛,不是我的原因,是你自己的错误造成的。"

赵襄子问道:"我哪里错了呢?"

王子期说："你的心思没有用在马的身上，却主要放在我身上了。你怎么能驾驭好车马呢？"

赵襄子说："请给我详细说说吧。"

王子期说："驾驭车马，最主要的是要和自己的马心意相通。人的注意力要在马的身上，发出正确的指令，并且要让马感觉到你的真实意图。这样人与车马才能协调一致，才能跑得快，跑得远。可是您呢，心里总想着赢我，在我后面时想追上我，在我前面时怕被我追上。您的心思全在我身上，从来没有注意到自己的马，您怎么能赢我呢？"

赵襄子过于重视比赛的结果，反而忘记了什么才是比赛输赢的重要因素。自己的内心先枉曲了，不以直道而行，其结果偏离预期也就不奇怪了。

【原文】

蔡按：吾国人心，断送于"伪"之一字。吾国人心之伪，足以断送国家及其种族而有余。上以伪驱下，下以伪事上，同辈以伪交，驯至[1]习惯于伪，只知伪之利，不知伪之害矣。人性本善，何乐于伪？惟以非伪不足以自存，不得不趋于伪之一途。伪者人固莫耻其为伪，诚者群亦莫知其为诚，且转相疑骇。于是由伪生疑，由疑生嫉。嫉心既起，则无数恶德从之俱生，举所谓伦常道德皆可蹴去不顾。呜呼！伪之为害烈矣。军队之为用，全恃万众一心，同袍无间，不容有丝毫芥蒂，此尤在有一"诚"字为之贯串，为之维系。否则，如一盘散沙，必将不戢自焚[2]。社会以伪相尚，其祸伏而缓；军队以伪相尚，其祸彰而速且烈。吾辈既充军人，则将伪之一字排斥之不遗余力，将此种性根拔除净尽，不使稍留萌蘖③，乃可以言治兵，乃可以为将，乃可以当兵。惟诚可以破天下之伪，惟实可以破天下之虚。李广疑石为虎，射之没羽；荆轲赴秦，长虹贯日，精诚之所致也④。

【注释】

①驯至：逐渐达到。

②不戢（jí）自焚：一般用作："兵犹火也，不戢自焚"。意思是说，战争就像玩火，不在适当情况下及时止息，就会把自己烧掉。戢，停止。《左传·隐公四年》："夫兵，犹火也，弗戢，将自焚也。"

③萌蘖（niè）：本意指植物长出新芽，此为虚伪习气的复发。萌，生芽，发芽。蘖，树木砍去后又长出来的新芽。

④"李广疑石为虎……精诚之所致也"一句：李广能箭没石中，是因一时惊吓不做他想的本能反应；荆轲刺秦，长虹贯日，是因坚毅果决之后的不再退缩。蔡锷列举两人为例，意在说明疑行无成，疑事无功。

【译文】

蔡锷按：我们国家的人心，就断送在一个"伪"字上了。我们国家人心的虚伪，足以断送国家及种族还有富余。上位者以虚伪役使属下，下位者以虚伪侍奉上级，同辈以虚伪交往，逐渐习惯了虚伪，只知道虚伪于自身有利，而不知虚伪的害处了。人性本是良善，怎么会乐于虚伪呢？这是因为不虚伪难以自存，不得不走上虚伪这条道路。虚伪的人，人们固然不以其虚伪而感到羞耻；诚实的人，人们也就不知道他为何诚实了，反而相互惊讶不已。于是由伪生疑，由疑生嫉。嫉妒心一旦起来，则无数个恶念也就由此产生，什么伦理纲常道德统统弃置不顾了。唉！虚伪的危害大了去了。军队之所以能够发挥作用，全赖万众一心，亲密无间，不容许有丝毫芥蒂，这尤其靠一个诚实贯穿始终，维系全军上下。否则，军队如同一盘散沙，必将引火自焚。社会上推崇虚伪，其祸害不会立即表现出来，即便发作也会缓慢；军队中推崇虚伪，其祸害不仅立即表现出来，而且危害巨大。我们既已然身为军人，则要不遗余力地排斥虚伪风气，将这种恶习连根拔起，消除干净，不留一点萌芽的隐患，这样做了之后，

才能够谈治兵，才可以为将，才可以当兵。只有诚可以破天下之伪，只有实可以破天下之虚。李广误把石头当作老虎，一箭射去，箭羽都没入石头中；荆轲赴秦行刺秦王，当时白色的长虹穿日而过，这些都是精诚所至的缘故啊。

第五章　勇毅

【导读】

本章论及军人的勇毅，勇在先，为军人所必有；毅在后，为将者所必求。

曾国藩所说的勇，多是任劳任怨、不避嫌怨的隐忍、沉毅，亦即大义之勇，如"不可因讥议而馁沉毅之气"，"本以不顾生死自命，宁当更问毁誉"，"成败听之于天，毁誉听之于人"等，这与曾国藩的亲身经历有关，他治湘军，规模最大，功劳最显，影响最广，却是最后一个得到地方实职的大员，曾国藩对于自己所受到的不公，隐忍下来，一心做事。下文相关注释中也有提及。

胡林翼所说的勇，则多为具体在兵事上，"先为不可胜，以待敌之可胜"的坚毅，亦即大智之勇，如"平日胆小、临时胆大"，"侥幸以图难成之功，不如坚忍而规远大之策"，"如有把握，则坚守一月、二月、三月，自有良方"等。

蔡锷将暴虎冯河与临难义无反顾之勇，冠以小勇，将大义之勇与大智之勇冠以大勇，亦即勇毅。曾胡二人与蔡锷，更重视大勇，这与他们三人所受的传统文化影响有关。

先秦时，法家于政事、军事虽有术、势、法的侧重，可基本上持势大力沉、用拳头说话的主张，法家信奉一句话：在实力面前，其余一切都是白扯。秦帝国的速亡，给了后人反思法家社会实践的空间，儒家再度兴起，并基本贯穿了此后的中国社会。

儒家相对于其他学派，有三个明显的特点，温和，认可并尊重人性，积极入世。儒家将个人修养与天下兴亡关联起来，具备仁、智、勇就是儒家所追求的个人修养之一。孔子说："仁者不忧，知者不惑，勇者不惧。"三者虽看似并列，实则勇是置于仁和智之下的。儒家排斥没有仁义的勇（见义不为，无勇也），排斥没有智慧的勇（暴虎冯河，死而无悔者，吾不与也）。孔子称赞卞庄子刺虎之勇，卞庄子是怎么刺虎的呢？是等到两虎相斗，一死一伤，然后刺杀受伤的老虎。卞庄子开始是要直接与两只老虎开打的，后来听人劝说，自己也觉得不理智，便听从劝说，后来趁机搏杀成功。

曾、胡、蔡锷三人关于军人勇毅的阐释，往往都与国家民族相关联，所谓"鞠躬尽瘁，死而后已"，这是儒家治国平天下的入世终极理想。三人恰逢乱局，皆举兵事，非为个人显达，实为国家、民族大难，不计生死，义不容辞！

【原文】

5.1 大抵任事之人，断不能有毁而无誉，有恩而无怨。自修者①但求大闲不逾②，不可因讥议而馁沉毅③之气。衡人者，但求一长而取，不可因微瑕而弃有用之材。苟于巉巉④者过事苛求，则庸庸者反得幸全。

5.2 事会相薄⑤，变化乘除，吾当举功业之成败，名誉之优劣，文章之工拙⑥，概以付之运气一囊之中，久而弥自信其说不可易也。然吾辈自信之道，则当与彼赌乾坤于俄顷，较殿最⑦于锱铢，终不令囊独胜而吾独败。

5.3 国藩昔在江西、湖南，几于通国不能相容⑧。六七年间，浩然不欲复闻世事⑨。惟以造端过大，本以不顾生死自命，宁当更问毁誉。

5.4 遇棘手之际，须从耐烦二字痛下功夫。

5.5 我辈办事，成败听之于天，毁誉听之于人。惟在己之规模气象，则我有可以自立者，亦曰不随众人之喜惧为喜惧耳。

5.6 军事棘手之际，物议指摘之时，惟有数事最宜把持得定：一曰待民不可骚扰；二曰禀报不可讳饰；三曰调度不可散乱。譬如舟行，遇大风暴发，只要把舵者心明力定，则成败虽未可知，要胜于他舟之慌乱者数倍。

5.7 若从流俗毁誉上讨消息⑩，必致站脚不牢。

（以上七节，为曾文正公语）

【注释】

①自修者：修者是与觉者相对的，修者是通过"求"这一途径达到更高境界，觉者则是先天禀赋早已通透，无须用求。在儒

家文化里，修者即是学而知之者，觉者即是生而知之者。孔子说："生而知之者上也，学而知之者次也；困而学之，又其次也；困而不学，民斯为下矣。"可是孔子又说自己："我非生而知之者，好古敏以求之者也。"生而知之者怕只有黄帝、神农这些远古且不明其详的圣人罢了，孔子以下再无。因而儒家文化实际并不愿意相信生而知之，更愿意相信学而知之。钱穆评论时人乐此不疲于王阳明之龙场悟道以为儿戏，几乎同于佛家所说菩提树下的顿悟，就是儒家思想在修者和觉者上的典型看法。

②大闲不逾：大的节操不能逾越界限。语出《论语·子张》："子夏曰：'大德不逾闲，小德出入可也。'"

③沉毅：沉着坚毅。

④巉巉（chán chán）：形容山势峭拔险峻，此喻指人才出众。

⑤相薄（bó）：相迫近；相搏击。薄，迫近、靠近。

⑥工拙：即文章的优劣。

⑦殿最：古代考核政绩或军功，下等称为"殿"，上等称为"最"。泛指等级的高低上下。

⑧通国不能相容：1854年（咸丰四年）3月，岳州战事失利。4月，在靖港水战中又再次失利。曾国藩被革职。7月曾国藩重整水路各部，取岳州，收武昌、汉阳，奉旨署理湖北巡抚，却因军机大臣祁寯藻反对，旋即又被夺职改以兵部侍郎衔。当时湘军粮饷全靠地方自筹，曾国藩始终没得到地方实职，长期处于客军作战状态，筹饷与人事任命均难以顺利实现，不得不与其他部军有所冲突，处境十分尴尬。

⑨六七年间：曾国藩从1854年军事失利被革职，到重新起用屡立赫赫战功，直至1860年（咸丰十年）4月署理、6月实授两江总督，以钦差大臣身份督办江南军务，督办皖南军务，这中间的六七年，曾国藩没有得到与其战功和地位相匹配的政治待遇。而胡林翼则早在1855年（咸丰五年）就由道员而擢升署理湖北巡抚。江忠源更是在1853年（咸丰三年）任湖北按察使，同年升任安徽巡抚。曾国藩所说"不欲复闻世事"，当是言其不过问政事，一心于兵事。这是曾国藩忍辱负重的勇毅。

⑩消息：机关，真谛，此为以流俗毁誉为自己行事的对错抉择。

【译文】

5.1　大凡有担当的人，绝不会只有人诋毁而无人赞誉他，只有人感恩而无人怨怼他。自我修养的人只要大的节操不出问题即可（小节是可以适度放松的），不能因为别人的讥讽议论而失去沉着坚毅的气节。衡量一个人是否可用，只需看他的一技之长即可，不能因为细小瑕疵而放弃可用的人才。如果对才能出众的人过于苛责，反使平庸的人侥幸得以任用。

5.2　万事交替，此消彼长。我曾把功业成败，名誉好坏，文章优劣，一概归于运气。时日一久，就越发相信运气一说，难以自拔。可是我们还有自信这一说，那就是应与运气在瞬间一赌这乾坤输赢，于锱铢必较来分个高低，总不能使运气独赢而我独输。

5.3　我曾国藩当年在江西、湖南的处境之难，到了几乎举国上下不能相容的地步。此后六七年的时间里，蓄养浩然之气而不想再过问政事。只是湘军发展壮大（才奉旨任两江总督等职），我本就不计生死，又怎会顾及名誉损毁？

5.4 遇到棘手难以有为的时候，更应在耐烦二字上痛下功夫。

5.5 我们做事，成败由天，毁誉由人。唯有自己的才具气度，我可以自持自守，或者说不因人之所喜而趋从，不因人之所惧而退缩。

5.6 军事上棘手难为之时，众人议论指责之时，这几件事情最应当把持得住：一是不可骚扰民众；二是汇报军情不可隐讳掩饰；三是军事调度不可凌乱无序。就好比行舟，遇上大风暴时，只要掌舵者判明形势、沉着镇定，虽然成败还不一定，但总要强过那些慌乱不知所以的掌舵者数倍了。

5.7 如若从庸俗观念的毁谤与赞许中来讨取为人处事的对错抉择，那注定是站不住脚的。

（以上七节，为曾文正公语）

【故事链接】

狼瞫勇武而守大义

曾国藩说："大抵任事之人，断不能有毁而无誉，有恩而无怨。"好勇于军人来说，虽是必须却依然不算难得。究其原因，为将者勇武当属其职业特质，犹如律师需心思缜密一般，并非高深。血气之勇尚能通晓大义，方显难得。曾国藩以其亲身经历总结认为，如能为了大义而不计较个人恩怨得失，甚至能够忍辱负重，这才是真正的勇毅。

狼瞫是春秋时期晋国人，开始的时候，他还只是一名小将，因为作战英勇，他被当时的晋国国君晋襄公提升为自己的车右（仅次于行军主将的将军，护卫国君）。

公元前 627 年，秦国千里迢迢去偷袭郑国，没有成功。螳螂捕蝉，黄雀在后。秦军在回国的途中，经过崤山时，被早已埋伏的晋军给打得全军覆没。

晋襄公擒获了秦国的战俘，没想到当时自己的车右莱驹，却被战俘吓得兵器都掉在了地上。这个时候，狼瞫从容捡起兵器，制服了俘虏。晋襄公见狼瞫沉着勇敢，就提升狼瞫做自己的车右。

就在这一年,在另一次战争中,行军主将先轸(zhěn)把狼瞫给免职了。狼瞫非常生气,觉得自己受到了侮辱。他的朋友也很生气,就找到狼瞫和他说:"我们找个机会,把先轸杀了,也算出了这口窝囊气。"

谁知狼瞫不同意这么做,他说:"只为了出一口气,就杀死自己的主将,这是不义。先轸瞧不起我,我便要证明我的英勇能够担当车右。你等着瞧吧。"

三年后,秦国回来找晋国报仇。狼瞫率领自己的部下冲击秦军阵营,晋军紧随其后,秦军落荒而逃。这一战,晋军胜利了。这一战,狼瞫命丧沙场,他用自己的生命证明了自己的英勇,更是证明了他是一条胸怀大义的热血汉子。

【原文】

5.8 不怕死三字,言之易,行之实难,非真有胆、有良心者不可。仅以客气为之,一败即挫矣。

5.9 天下事只在人力作为,到水尽山穷之时自有路走,只要切实去办。

5.10 冒险二字,势不能免。小心之过,则近于葸①。语不云乎:"不入虎穴,焉得虎子!"

5.11 国家委用我辈,既欲稍稍补救于斯民,岂可再避嫌怨?须知祸福有定命,显晦②有定时,去留有定数,避嫌怨者未必得,不避嫌怨未必失也。古人忧谗畏讥,非惟求一己之福也。盖身当其事,义无可辞，恐谗谤之飞腾，陷吾君以不明之故。故悄悄③之忧心，致其忠爱之忧耳。至于一身祸福进退，何足动其毫末哉？

5.12　胆量人人皆小，只须分别平日胆小、临时胆大耳。今人则平日胆大，临时胆小，可痛也已。

5.13　讨寇之志，不可一眚而自挠④。而灭寇之功，必须万全而自立。

5.14　两军交馁，不能不有所损。固不可因一眚而挠其心，亦不可因大胜而有自骄轻敌之心。纵常打胜仗，亦只算家常便饭，并非奇事。惟心念国家艰难，生民涂炭，勉竭其愚，以求有万一之补救。成败利钝，实关天命，吾尽吾心而已。

5.15　侥幸以图难成之功，不如坚忍而规远大之策。

5.16　兵事无万全。求万全者，无一全。处处谨慎，处处不能谨慎。历观古今战事，如刘季、光武、唐太宗、魏武帝⑤，均日濒于危。其济，天也。

5.17　不当怕而怕，必有当怕而不怕者矣。

5.18　战事之要，不战则已，战则须挟全力；不动则已，动则须操胜算。如有把握，则坚守一月、二月、三月，自有良方。今日之人，见敌即心动，不能自主，可戒也。

5.19　古今战阵之事，其成事皆天也，其败事皆人也。兵事怕不得许多，算到五六分，便须放胆放手，本无万全之策也。

（以上十二节，为胡文忠公语）

【注释】

①葸（xǐ）：畏惧，怯懦。

②显晦：明与暗，喻指仕途显达与卑微。

③悄悄：忧愁的样子。

④眚（shěng）：本意为眼内生出的白膜，此为过失、过错。自挠：自己屈从。挠，弯曲，屈服。

⑤刘季：刘邦。魏武帝：曹操。

【译文】

5.8 不怕死三个字，说起来容易，做起来难，不是真正有胆识、有良心的人做不到这三个字。仅凭一时意气用事，一旦失败则一蹶不振。

5.9 天下事情的成败，皆在人力所为，看似山穷水尽实则依然有路可走，只要切实努力去做。

5.10 冒险二字，势所难免。过分小心，则就近于怯懦了。俗话说："不入虎穴，焉得虎子！"

5.11 国家任用我们，自然是想用我们的些许力量以有利于民众，我们又怎能躲避个人仇怨呢？要知道，祸与福自有天命，显达与卑微自有定时，死与生自有定数，躲避个人仇怨未必能有所得，不避仇怨未必会有所失。古人忧心被谗言中伤，可不是为了自己的福祉啊。身在其位，当谋其政，义不容辞，之所以担心谗言诽谤满天飞，是怕君主会受到蒙蔽。所以才忧心忡忡，表现自己忠心仁爱的热忱。至于自己一身的祸福进退，哪里能够让他们有半分心动呢？

5.12　恐惧之心人人皆有，只要能够做到平时谨慎小心、临难之时则坚毅果敢就可以了。而现在的人呢，平时胆大妄为，临难之时又谨小慎微，真是令人悲痛呀。

5.13　讨伐贼寇的志向，不能因为小过气馁。诛灭贼寇的大事，必须要有赖于万全之策。

5.14　两军交锋，不能没有损失。既不可因小过而气馁，也不可因大胜而生骄纵轻敌之心。即便经常打胜仗，也只算家常便饭，并非奇事。唯有心念国家艰难，生民涂炭，努力竭尽所能，以求对国家、民族大难有万一之补救。成败得失，那是天命所主，我们只管尽心尽力而已。

5.15　与其侥幸贪图难以事成的大功，不如坚忍下来筹谋长远的对策。

5.16 军事瞬息万变，从没有一劳永逸的万全之策。总想求万全之策的人，往往连一全也不可得。总想处处谨慎不犯错的人，往往反而处处不能谨慎。纵观古今战事，如汉高祖刘邦、光武帝刘秀、唐太宗李世民、魏武帝曹操，都曾濒临绝境。他们能够成功，那是天命所归。

5.17 如果不应当怕的时候害怕了，必然就有应当害怕的时候反而不怕（的莽撞）。

5.18 战事的诀窍在于，不战则已，要战就倾尽全力；不进攻则已，进攻就须得稳操胜券。如有必胜的根据和信心，则坚守一月、俩月、仨月，自然会有克敌良策。今天的一些将领，一看到敌人就心思妄动，难以自已，要引以为戒啊。

5.19 古往今来沙场决战，能够取胜是天命所归，失败则是人力有所不及导致。战事不能怕这怕那，如有五六分胜算，便要放手一搏，因为原本就没有什么万全之策。

（以上十二节，为胡文忠公语）

【故事链接】

城濮之战

胡林翼说："战事之要，不战则已，战则须挟全力；不动则已，动则须操胜算。"曾国藩评价胡林翼"才大心细"，可见一斑。虽然他也认为，战机瞬息万变，并没有万全之策，冒险二字，势不能勉，但这是建立在平日小心的基础上，就是平时准备充分，决战之时则不再犹豫、怯懦。

春秋时期，有一场著名的战役，实力较弱的一方，为了赢得这场战争，从内政到外交，从战略到战术，展开了全方位立体式战前准备，终于赢得胜利。这就是晋国与楚国的城濮之战。

楚国楚成王上位后，楚国的实力增长很快，特别是公元前638年，在泓之战中战败宋国，楚国一时风光无两。于是，楚国也萌生了一个想法，想学学齐桓公，也弄个霸主当当。楚国唯一的对手就是北方的晋国。

晋国是个什么形势呢？可能会让楚国失望，晋文公上位后，晋国的实力更是一日千里。晋国上下都注视着楚国这些年来的动作，知道两国之间的决战不可避免，既然如此，那就毫不犹豫地投入到积极备战的方向上来吧！

大国开战，一般不直接对面开撕，而是先从对方的盟国下手，试试水。于是，楚国抢先攻打楚国的友邦宋国。宋国就向楚国求救。当初晋文公流浪的时候，别人都看不起他，宋襄公那可是又给金子又给马，这份情谊在，不能不救。可是怎么救呢？东边有齐国，西边有秦国，这都是些麻烦事。晋国答应了宋国的请求，但是告诉宋国，要先和齐国、秦国搞好关系，请他们主持正义，毕竟宋国是挨打的一方。正在家里吃着火锅唱着歌呢，就被楚国给打了。当然，指望齐国和秦国主持公道是不现实的。但先把舆论倾向造起来。

搞定外交，再检点自己。这几年，晋国在狐偃一干老臣的打理下，人才得到重用，百姓生活安定，手工业商业都得到飞快发展。晋国还把两军制改为三军制。嗯，自己准备得也比较充分了。朋友来了有烈酒，敌人来了有猎枪。

并且，这几年晋国也积攒了不少好名声。周襄王被叛乱分子赶跑了，没有人来勤王，尽管当时晋国也艰难，可是南方楚国的咄咄逼人，大有齐桓公第二的架势。晋国最终出兵勤王，获得了很高的国际美誉度。

既然战争不可避免，那说一千道一万最终还得落脚在打上。晋国出兵援助宋国。楚成王本不想直接和晋国发生冲突，可是楚国的统帅子玉却信心十足。楚成王见自己的统帅这么有信心，也不由得产生了几分侥幸，又给子玉补充了一部分兵员，虽不多，但重要的是态度。

晋国先拿下了楚国的两个盟国，曹国和卫国，又和子玉谈条件。子玉说："晋国先把曹国和卫国两国国君放了，我才能解围宋国。"可是子玉哪

里知道，晋国早已策反了这两国国君，晋国告诉两国国君，你们只要和楚国断交，晋国保证他们的地位和主权与领土完整。曹卫两国国君回国后，立即宣布与楚国断绝外交关系。子玉率领楚军要保护人家呢，结果人家根本就不拿你当朋友。子玉立马就怒了，这人心不古啊。他二话不说，带兵就直奔晋国而来。

晋国的目的也正在此，看到子玉这么配合，晋国君臣不由会心一笑。

既然都撕破脸皮了，那就开打吧。不，人家晋国是有套路的，得一步一步来。晋国看到楚军，非常痛快，退避三舍，大约后退了90里路。为啥呢？晋国说，我们国君受过楚国的恩惠，我们不能恩将仇报、忘恩失信。

子玉带兵追上了晋军，战争已然要短兵相接了。晋军先是给战马披上虎皮，然后冲击楚军右翼的杂牌军。楚军右翼被冲溃。子玉大怒，疯狂反扑。晋军又示弱骄敌，诱敌深入。这一来，胜负很快就分出来了，楚国大败，晋国一战而确立中原霸主地位。

【原文】

蔡按：勇有狭义的、广义的及急遽的、持续的之别。暴虎冯河，死而无悔①，临难不苟，义无反顾，此狭义的、急遽的者也。成败利钝，非所逆睹，鞠躬尽瘁，死而后已②，此广义的、持续的者也。前者孟子所谓小勇，后者所谓大勇③、所谓浩然之气者也。右章所列，多指大勇而言，所谓勇而毅④也。军人之居高位者，除能勇不算外，尤须于毅之一字痛下功夫。挟一往无前之志，具百折不回之气，毁誉、荣辱、死生皆可不必计较，惟求吾良知⑤之所安。以吾之大勇，表率无数之小勇，则其为力也厚，为效也广。至于级居下僚（将校以至目兵），则应以勇为惟一天性，以各尽其所职，不独勇于战阵也——即平日一切职务，不宜稍示怯弱，以贻⑥军人之羞。世所谓无名之英雄者，吾辈是也。

【注释】

①暴虎冯河，死而无悔：靠着两只拳头去搏虎，凭着两条腿就涉河，死了也不知道追悔。多指勇而无谋的莽撞蛮干。语出《论语·述而》："暴虎冯河，死而无悔者，吾不与也。"

②"成败利钝"四句：语出诸葛亮《后出师表》："臣鞠躬尽瘁，死

而后已。至于成败利钝，非臣之明所能逆睹也。"

③小勇、大勇：小勇，即匹夫之勇。大勇，安定天下之勇。语出《孟子·梁惠王下》："王请无好小勇。夫抚剑疾视曰，'彼恶敢当我哉'！此匹夫之勇，敌一人者也。王请大之……一人衡行于天下，武王耻之。此武王之勇也。"

④勇、毅：此处所说的勇，是指有来自性格中天然的无所畏惧的盛气；毅，则是经过审断义理曲直后的坚定。苏轼《留侯论》中说："天下有大勇者，卒然临之而不惊，无故加之而不怒。"所谓大勇，就是蔡锷此处所说的毅。

⑤良知：语出《孟子·尽心上》："人之所不学而能者，其良能也；所不虑而知者，其良知也。"

⑥贻：遗留。

【译文】

蔡锷按：勇有侠义与广义之分，有一时和持久之分。赤手博虎、徒足涉河，死而不悔，临难不苟且，义无反顾，这是侠义的、一时的勇。成败得失无法预料，依旧鞠躬尽瘁死而后已，这是广义的、持续的勇。前一种勇是孟子所说的小勇，后一种勇才是孟子所说的大勇、浩然正气的勇。上文所列举曾胡二公所言之勇，多指大勇而言，即所谓勇敢、坚毅。身居高位的军官，除了能够勇敢外，尤其要在"毅"字上痛下功夫。心怀一往无前的志向，拥有百折不回的勇气，毁誉、荣辱、生死大可不必计较，只求无愧于自己的良知。用我们的大勇，示范鼓舞无数人的小勇，那么我们的力量也就影响深远，效用广大了。

至于下级将校乃至目兵，则应该以勇敢为唯一天性，以完成自己的各项职责。不单单是战场上有勇，即便平时一切职务，也不应该稍有怯懦，以至军人蒙羞。世上所说的无名英雄，正是我们这些人啊。

第六章 严明

【导读】

本章所论及严明，有三层意思：一是立法要严苛，没有规矩不成方圆；二是执法要严格，宁失之以严不失之于宽；三是创立法立令行、整齐严肃的军队纪律与风气。严是手段，明是目的。

中国古代王朝的更迭，无不延续了同样的舞步，王朝初兴，欣荣向上；王朝将亡，百弊皆现。正所谓："国家将兴，必有祯祥；国家将亡，必有妖孽。"清帝国后期所面临的局势，依然如此。体现在军队上，就是其战斗力之弱，已不堪称军队。八旗、绿营最大的无能就是没有战斗力，最大的败坏则是军纪几已完全殆尽，而二者之根由皆在人心涣散。收拾人心非朝夕之功，而大厦将倾就在眼前，曾胡二公只得先收拾旧山河，以力促人心之变。收拾旧山河则需军队，军队之强则在军纪，军纪之盛倚赖严明。

湘军前期军纪之优良，与八旗、绿营有云泥之别，即便太平军也多有不如，足见曾国藩、胡林翼为首的湘军缔造者尊崇严明之功。

需要注意的是，曾胡二公虽是儒生将兵，但他们的治兵理念并不完全取于儒家一派。如曾国藩提及"循吏"，胡林翼提及"害马既去，伏龙不惊"。曾国藩重循吏，显然不同于宋代以来的程朱理学，而是先能后贤。而胡林翼杀鸡骇猴，似更重于法家的术道。至于以菩萨心肠行雷霆手段，颇有些佛家"菩萨低眉，金刚怒目"的味道。但这与二人对人才选用"不求全责备"的理念是相承接的，也符合孔子所说"无适也，无莫也，义之与比。"

治军严明，并非不要仁爱（下面第八章"仁爱"），而是要克爱克威，恩威并济才能治军。只是，本章重点阐释"威"而已。阅读本章时需要注意。

【原文】

6.1 古人用兵，先明功罪赏罚。

6.2 救浮华者莫如质。积玩①之后，振之以猛。医者之治瘠痈②，甚者必剜其腐肉，而生其新肉。今日之劣弁羸兵，盖亦当为简汰，以剜其腐肉者；痛加训练，以生其新者。不循此二道，则武备之弛，殆不知所底止。

6.3 太史公所谓循吏③者，法立令行，能识大体而已。后世专尚慈惠④，或以煦煦为仁⑤者当之，失循吏之义矣。为将之道，亦法立令行、整齐严肃为先，不贵煦煦也。

6.4 立法不难，行法为难。凡立一法，总须实实行之，且常常行之。

6.5 九弟临别，深言御下宜严，治事宜速。余亦深知驭军驭吏，皆莫先于严，特恐明不傍烛，则严不中礼耳。

6.6 吕蒙诛取铠之人⑥，魏绛戮乱行之仆⑦。古人处此，岂以为名，非是无以警众耳。

6.7 近年驭将失之宽厚，又与诸将相距过远，危险之际，弊端百出，然后知古人所云作事威克厥爱⑧，虽少必济，反是乃败道耳。

（以上七节，为曾文正公语）

【注释】

①积玩：积习玩忽，此指当时得过且过不思进取的社会心理状态。

②瘠痈（jí yōng）：瘠，疫病，或因生病而虚弱。痈，皮肤或肌肉化脓性炎症，局部红肿有硬块，表面溃烂，中医多以痈、疽、疔、疖来称呼。

③循吏：能吏，即能行使职责而达到行政效果。语出《史记·循吏列传》，司马迁在传中说"奉职循理，亦可以为治，何必威严哉？"，又说"恤人体国"。可见司马迁是将循吏作为酷吏的正面比较对象。但是，循吏与良吏还是有别的，良吏与循吏都是能吏，但良吏多了一个品行上的"贤"字。酷吏则是甘作一把刀，刀柄攥在君主手里，行事多是投君主所好；循吏像一把锤子，希望有所作为解决问题，但难免有时看什么都像钉子；良吏像一盏灯，见不得黑暗，总想予人以光亮、温暖和方向。良吏可遇不可求，但只要循吏占主流，就已经是接近大治了。酷吏多时，则也正是矛盾激荡、戾气上升的时候。所以，此处曾国藩期盼循吏。

④慈惠：即仁爱。曾国藩此处绝非不喜慈惠，而是反对一味地慈惠。《孙子兵法·地形篇》中"视卒如子而不可骄"说得比较明确。

⑤煦煦为仁：以小恩小惠为仁。语出韩愈《原道》："彼以煦煦为仁，孑孑为义，其小之也，则宜。"韩愈的本意是说，老子所理解的儒家仁义，并不是真正的儒家仁义。曾国藩此喻指时人所认为的仁义，实则是小恩小惠，不是真正的仁义。

⑥吕蒙诛取铠之人：《三国志》吕蒙传（与周瑜、鲁肃合传）记

载：赤壁大战以后，孙权想北取曹魏的徐州，吕蒙却认为应该西取关羽所占的荆襄几郡，孙权同意。在这个背景下，吕蒙秘密谋取了南郡，发布命令不准扰民。吕蒙帐下有个亲兵，还是他的老乡，拿了百姓的斗笠来遮盖铠甲。这个兵士虽是为公，但吕蒙依旧下令处斩了他。于是，南郡人心大稳。

⑦魏绛戮乱行之仆：《春秋左氏传》记载：晋悼公大会诸侯，本想行夸耀之能事，他弟弟的车辆却扰乱仪仗。于是司马魏绛就把给杨干驾车的仆从杀了。魏绛此举，震动诸侯，名声远扬。但也为自己招惹了灾祸，晋悼公恼怒本想杀魏绛，没有得逞。

⑧威克厥爱，虽少必济：治军严明胜过慈爱，即便人少也能成功。语出《尚书·胤征》："威克厥爱，允济；爱克厥威，允罔功。"夏帝仲康治理天下时，胤侯

受命掌管夏王的六师。羲和荒乱不听指挥，胤侯接受王命，去征伐羲和。在军队出征前，胤侯发布檄文《胤征》，说了上面的话。

【译文】

6.1 古人用兵，首先就是要明确有功则赏，有罪则罚的规矩。

6.2 挽救奢华积习的方法，莫过于树立朴实的风气。人心得过且过无所事事，积时日久，如要振奋当需以霹雳手段。正如医生治疗毒疮，严重的地方必须要剜掉腐肉，才能长出新肉。现在军队中那些羸弱没有战斗力的兵士，都应当裁撤，于军队而言，这就像是剜掉其腐肉，而后严格训练，以使其长出新肉。不因循着两个办法，那么武备松弛的情形，不知要败坏到何时方休。

6.3 太史公司马迁所说的循吏，不过是能使法律保持威严、政令得以实施，识大体顾大局而已。后来的人们则专一于仁爱，有的更是以小恩小惠当作仁爱，这反而失去循吏的本义了。为将之道，亦当以法立令行、整齐严肃为第一要务，不能崇尚妇人之仁。

6.4 建立法规并不是难事，难在执行上。但凡建立一个法规，就要严格实行，并且持之以恒。

6.5 九弟国荃临别时特别强调，管理部属应该严格，整顿事务应该从速。我也深知，管理军队与部属当首先严明，只是恐怕自己见事不明，严是严了，却失去了分寸。

6.6 吕蒙诛杀了拿取百姓斗笠遮盖铠甲的兵士，魏绛诛戮国君弟弟的仆从。古人这么做，难道是为了博取名声？只是不这么做，不足以警戒众人呀。

6.7 近年来，我对诸将过于宽厚，又与他们相距甚远，危急之时，就暴露出很多弊端，这才记起古人所说的那句话：治军如果严明胜过慈爱，即便人少也能成功。如果不这样做，就会失败。

（以上七节，为曾文正公语）

【故事链接】

一碗羊肉断送了一场战争

曾国藩与胡林翼本一介书生，不要说接受军事训练，平时怕是连专门的兵法书册也未曾看过，之所以最终取得盛大功绩，除了一门心思干到底的坚毅，再就是边干边学边反思的认真了。

曾国藩自己，对部属失于宽厚，危急之际，问题便出现了，因而治军还是应该严明胜过慈爱。胡林翼更是直接，他说："自来带兵之将，未有不专杀立威者。"二人都不是指手画脚的旁观者，而是置身其中的参与者，一步不慎，那是要命的。所以，二人反思总结之语，越发宝贵、实用。

春秋时期，郑国得到了南方楚国的支持，攻打宋国。以往宋郑两国的战争，虽势均力敌可是宋国还是赢得少败得多。

宋国临时调任华元为主帅，华元是宋国的四朝元老，自然清楚宋郑两国以往的战绩，所以，临开战前他命令伙夫杀羊犒劳将士。眼瞅着宋军士气高涨，破敌就在明日一战。

可偏偏这时出了个问题，有一个人没有吃上羊肉。你可能会想，军队那么多人，一个人吃不上也没什么吧。实际上还真有，就因为这个人没吃上羊肉，宋国就输了这场战争。因为，没吃到羊肉的这个人的职业特殊，是个"司机"。

原来，给华元驾驶战车的车夫叫羊斟，分羊肉的时候，不知怎么把他给漏下了，反正羊斟没有吃到羊肉。

于是羊斟不高兴了，后果很严重。第二天，双方交战一开始，羊斟抓着缰绳，对着战车里的华元说："分发羊肉你说了算，驾驶马车我说了算。"说完，他驾驶着马车直接把华元送进了郑国军中。羊斟自己却跳下车跑回了宋国。

宋国损失惨重，不过华元最终还是被赎回来了。华元回到宋国后，竟然看到羊斟大摇大摆地出现在迎接自己的队伍里。华元接下来的做法，任凭你怎么脑补都无法想到。他竟然问羊斟："交战那天，是不是马不听使唤了？"

羊斟也没客气，说："马听使唤，人不听使唤了。"意思很明白，马按照我的意思把你送进了敌营，怎么是不听使唤了呢？是我不愿意听你使唤了。

羊斟如此明目张胆，华元又会怎么做呢？应该是什么也没做，因为羊斟回到家，套上马车，轻松跑到鲁国去了。

难怪宋国百姓当面嘲笑华元，说他看着像个男人，打起仗来更像个妇人。

【原文】

6.8　自来带兵之将，未有不专杀立威者。如魏绛戮仆，穰苴斩庄贾①，孙武致法于美人②，彭越之诛后至者③，皆是也。

6.9　世变日移，人心日趋于伪，优容实以酿祸，姑息非以明恩。居今日而为政，非用霹雳手段不能显菩萨心肠。害马既去，伏龙不惊④，则法立知恩。吾辈任事，只尽吾义分之所能为，以求衷诸理之至是，不必故拂乎人情。而任劳任怨，究无容其瞻顾之思。

6.10　号令未出，不准勇者独进；号令既出，不准怯者独止。如此则功罪明而心志一矣。

6.11　兵，阴事也，以收敛固啬为主。战，勇气也，以节宣提倡为主。故治军贵执法谨严，能训能练，禁烟禁赌，戒逸乐，戒懒散。

6.12　治将乱之国，用重典；治久乱之地，宜予以生路。

6.13　行军之际，务须纪律严明，队伍整齐，方为节制之师。如查有骚扰百姓，立即按以军法。吕蒙行师，不能以一笠宽其乡人，严明之谓也。绛侯治兵⑤，不能以先驱犯其垒壁，整齐之谓也。

6.14 立法宜严，用法宜宽，显以示之纪律，隐以激其忠良。庶几畏威怀德，可成节制之师。若先宽后严，窃恐始习疲玩，终生怨尤，军政必难整饬。

（以上七节，为胡文忠公语）

【注释】

①穰苴斩庄贾：司马穰苴，春秋时著名军事家，著有《司马法》。本"田氏"，因封为大司马，子孙后世遂称其为司马氏。齐景公前期，一次晋国和燕国攻打齐国。齐军吃了败仗。晏婴举荐司马穰苴领军。司马穰苴出身卑微，请齐景公派一得力干臣担任监军为其壮威。齐景公派宠臣庄贾前往。司马穰苴与庄贾约定次日正午军营集合。庄贾饮酒误事，司马穰苴按军法斩杀了庄贾。

②孙武致法于美人：孙武，春秋时著名军事家，著有《孙子兵法》。孙武经伍子胥举荐，被吴王阖闾任命为大将。阖闾想见识孙武的真才实学，遂遣100名宫女让孙武训练，并以宠姬为队首。宫女喧哗嬉笑不听号令，孙武遂斩杀了两个宫女队长。

③彭越之诛后至者：彭越，汉初开国功臣，与韩信、英布并称汉初名将。秦朝暴政，彭越做了强盗。后被众人推举为首，起兵反秦。彭越与众人约定次日太阳升起时集合，迟到者杀头，众人答应但并不以为然。次日有十多人迟到（整支队伍才百十号人），彭越斩杀最后迟到一人。

④害马既去，伏龙（máng）不惊：剔除害群之马，剩下的马才会

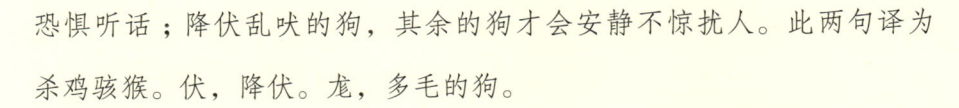

恐惧听话；降伏乱吠的狗，其余的狗才会安静不惊扰人。此两句译为杀鸡骇猴。伏，降伏。尨，多毛的狗。

⑤绛侯治兵：绛侯，周亚夫，汉初名将，丞相。前158年（汉文帝二十二年）匈奴犯境，文帝调三路大军拱卫京师，分别驻扎灞上、棘门和细柳三地。其中，周亚夫所率军队在细柳，被称为细柳营。文帝前往劳军，灞上、棘门两军营慌乱无绪毫无戒备，唯有细柳营先是不准皇帝车驾靠近，继而不许营内驱驰，周亚夫在营地内迎接文帝。文帝以其为能。

【译文】

6.8 自古以来的带兵将领，没有不独掌军权、杀戮立威的。如魏绛诛戮国君弟弟的仆从，司马穰苴斩杀监军庄贾，孙武处死吴王阖闾的宠姬，彭越诛杀迟到的人，都是这样的啊。

6.9 世异时移，人心渐渐变得虚伪，只重于宽待足以酿成祸端，无原则的宽容并不能真正显示恩惠。于当下局势中处理军政大事，唯有霹雳手段才是真正菩萨心肠。杀鸡骇猴，这样才能树立法令威严，才能使其他人感恩。我们做事，只管尽最大限度地追求道义，以求心安理得，不必故意违背人性情理。还应当任劳任怨，终不能有瞻前顾后的活思想。

6.10 进攻的号令未下达，不能允许勇敢的兵士先行发起攻击；进攻的号令下达后，不能允许怯懦的兵士退缩不前。这样做了，什么是功什么是罪也就明确了，全军上下也就团结一心了。

6.11 用兵的筹划计谋，是秘而不宣的事情，应当检点不能滥用。

攻防作战，靠的是勇气，应当广为宣传和提倡。所以，治军贵在执法严谨，训练有素，禁止抽大烟、赌博，力戒贪图安逸享乐，力戒懒散怠惰。

6.12 治理即将大乱的国家，需要实行严刑峻法；治理长期动乱不定的地方，应该给百姓谋生的出路。

6.13 行军之时，务必要纪律严明，队伍整齐，这才是服从命令听指挥的军队。如果查到有骚扰百姓，应立刻以军法处置。吕蒙行军，不因为拿取百姓一个斗笠这样的小事而宽恕，这才是纪律严明呀。周亚夫治兵的军纪，不允许皇帝的车驾（不经军令而）接近军营，这才是队伍整齐呀。

6.14 法令的制定应当严苛，法令的执行应当宽和，立法严苛能够让将士懂得纪律，执法宽和能够激发将士忠诚良心。若立法宽和，执法严苛，恐怕将士习惯了懈怠玩忽，反而对严明军纪心生怨怼，军政则必将难以整饬。

（以上七节，为胡文忠公语）

【故事链接】

周亚夫治细柳营

胡林翼说："行军之际，务须纪律严明，队伍整齐，方为节制之师。"实在是老生常谈，道理即在其中。治军，如果到了华元那样，属下各自为政，那不要说克敌了，一夜之间自己先死了都不奇怪。

前158年（汉文帝二十二年）匈奴犯境，文帝调三路大军拱卫京师，分别驻扎灞上、棘门和细柳三地。其中，周亚夫军在细柳，被称为细柳营。

当时匈奴的力量很强，汉文帝就前往三路军队鼓舞士气。他先来到灞上和棘门两处。两处守军一听说是皇帝来了，也没有鉴别真假，就慌里慌张地开了营门，把皇帝的卫队迎接了进去。

最后，汉文帝来到第三路大军营地，周亚夫率领的细柳营。汉文帝的卫队，还没有靠近细柳营营地，就被细柳营的军士给拦住了，不准他们进入军营。

汉文帝的卫队很生气，对守营的军士说："你大胆，皇帝的卫队你也敢拦截，不要命了吗？"

守营的军士平静地说："在军营，我们只知道周亚夫将军的军令，不知道皇帝的诏令。"

汉文帝的卫队更生气了，说："连皇帝的诏令都不听，你们是要造反吗？"

汉文帝拦住了自己的卫队，派了一名使者，带着自己的符节去见周亚夫。周亚夫见到符节，并没有前去迎接皇帝，只是命令开门放行。

汉文帝的车夫看到营门开了，就想放马驱车跑进军营。守门的军士大喝一声："将军有令：军营之中不许车马驱驰！"

汉文帝的车夫只好下车，牵着马的缰绳，一步一步走着进了军营。

周亚夫在自己的军帐前迎接汉文帝，看到汉文帝下了马车，他上前说："军营之中，我只能以军礼迎接陛下，请陛下见谅。"

汉文帝没有因为受了这么多曲折而生气，反而非常高兴。他离开细柳营的时候，对随行的大臣说："周亚夫才是真将军啊，纪律多么严明！相比之下，灞上和棘门的军营，就像小儿游戏一样。营门随随便便就开了，如果敌人来偷袭，恐怕早就被人俘虏了。"

【原文】

蔡按：治军之要，尤在赏罚严明。煦煦为仁，足以隳①军纪而误国事，此尽人所皆知者。近年军队风气纪纲太弛，赏罚之宽严每不中程，或姑息以图见好，或故为苛罚以示威，以爱憎为喜怒，凭喜怒以决赏罚。于是赏不知感，罚不知畏。此中消息，由于人心之浇薄者居其半，而由于措施之乖方者亦居其半。当此沓泄成风、委顿疲玩之余，非振之以猛，不足以挽回颓风。与其失之宽，不如失之严。法立然后知恩，威立然后知感。以菩萨心肠，行霹雳手段，此其时矣。是望诸勇健者毅然行之，而无稍馁，则军事其有豸②乎。

【注释】

①隳（huī）：毁坏。

②豸（zhì）：通"解"，解决。

【译文】

蔡锷按：治军的要领，尤其在赏罚严明。以小恩小惠为仁爱的做法，足以毁坏军纪而耽误国事，这是人尽皆知的道理。近年来，军队风气败坏、纲纪松弛，赏罚的宽与严每每脱离实际，有的姑息容忍以图卖好，有的故意严苛以显示威严，以自己的爱为喜、以憎为怒，赏罚全然凭着个人喜怒而定。于是，部属受赏也不感恩，受罚也不畏惧。导致这一情势的缘由，一半是因为人心涣散不思进取，一半是因为赏

罚不明、举措失当。面对这拖沓散漫的风气、萎靡懈怠的局面，不振奋以雷霆手段，不足以挽回颓废的风气。与其过于宽容，不如过于严苛。法令创立后，将士才知道感恩；威严树立后，将士才知道畏惧。以菩萨心肠，行霹雳手段，正是时候。这就需要期望勇敢强健的同人坚决践行而无稍稍松懈，这样一来，军事上还有什么解决不了的呢。

第七章　公明

【导读】

本章论及治军需公明的理念，即治军的赏罚需公正无私，不能偏私，这是继上章治军需"严明"这一原则的继续。如果说，严明直接关乎军纪，那么公明就直接关乎人心。诸葛亮在《出师表》劝诫后主刘禅说："宫中府中，俱为一体，陟罚臧否，不宜异同。"也是劝说刘禅不要做令人心寒的事情，失去人心。

公明的道理，说起来都是老生常谈，可真正做到并非易事，是人就有亲疏远近，就有好恶情感，就有利益羁绊。也正是如此，做到公明实非易事，而治军没有公明又祸患无穷，曾胡二人这才特别强调公明。蔡锷总结为八个字：用人惟贤，循名核实。

曾国藩与胡林翼所论及的公明，主要有层意思：

一是国家名器，不可用于私人布恩。无论是军人的荣誉感使然，还是其安身立命使然，俸禄与官爵都是军人所向往的。将帅掌有录功保举的权力，如抱着卖国家名器为自己笼络人心之意，则必然偏向于自己心腹，抑或自己顺眼顺耳的人，于是必不能做到公明。立功者不得赏，军心涣散再无斗志，"是非先紊，而后小人得志，君子有皇皇无依之象"。蔡锷特别举例曾国藩保举左宗棠、弹劾李次青的例子，说明曾国藩的胸襟。

二是为将者不可揽功于己，"凡利之所在，当与人共分之；名之所在，当与人共享之。居高位，以知人、晓事二者为职"。有句电影台词："二十一世纪什么最贵？人才！"其实，哪个年代人才都值钱，而且哪个行业也都重视人才，军队也是如此。蔡锷正是因为这点，才把

"将才""用人"置于本书首章和次章。曾国藩对发现人才一路,孜孜不倦,经过曾国藩举荐的人当中,有二十六人成为了督抚、尚书,有五十二人成为三品以上官员,道员、知府、知州、县令,更是数不胜数,竟至湘系"文武错落半天下"。曾国藩之所以书生将兵而功成,与他勇于为属下记功、举荐有很大关系。

【原文】

7.1 大君①以生杀予夺之权授之将帅,犹东家之银钱货物授之店中众伙。若保举太滥,视大君之名器不甚爱惜,犹之贱售浪费,视东家之货财不甚爱惜也。介之推②曰:"窃人之财犹谓之盗,况贪天之功以为己功乎?"余则略改之曰:"窃人之财犹谓之盗,况假大君之名器,以市一己之私恩乎?"余忝居高位,惟此事不能力挽颓风,深为愧惭。

7.2 窃观古今大乱之世,必先变乱是非,而后政治颠倒,灾害从之。屈原之所以愤激沉身而不悔者③,亦以当日是非淆乱为至痛。故曰:"兰芷变而不芳,荃蕙化而为茅。"又曰:"固时俗之从流,又孰能无变化。"④伤是非之日移日淆,而几不能自主也。后世如汉、晋、唐、宋之末造⑤,亦由朝廷之是非先紊,而后小人得志,君子有皇皇无依之象。推而至于一省之中,一军之内,亦必其是非不揆⑥于正,而后其政绩少有可观。赏罚之任视乎权位,有得行,有不得行。至于维持是非之公,则吾辈皆有不可辞之责。顾亭林先生所谓"匹夫与有责焉"⑦者也。

7.3　大抵莅事以明字为第一要义。明有二：曰高明，曰精明。同一境，而登山者独见其远，乘城者独觉其旷，此高明之说也。同一物，而臆度者不如权衡之审，目巧者不如尺度之精，此精明之说也。凡高明者，欲降心抑志以遽趋于平实，颇不易易。若能事事求精，轻重长短一丝不差，则渐实矣；能实，则渐平矣。

7.4　凡利之所在，当与人共分之；名之所在，当与人共享之。居高位，以知人、晓事二者为职。知人诚不易学⑧，晓事则可以阅历黾勉⑨得之。晓事则无论同己、异己，均可徐徐开悟，以冀和衷⑩。不晓事，则挟私固谬，秉公亦谬；小人固谬，君子亦谬；乡愿⑪固谬，狂狷⑫亦谬。重以不知人，则终古相背而驰，决非和协之理。故恒言皆以分别

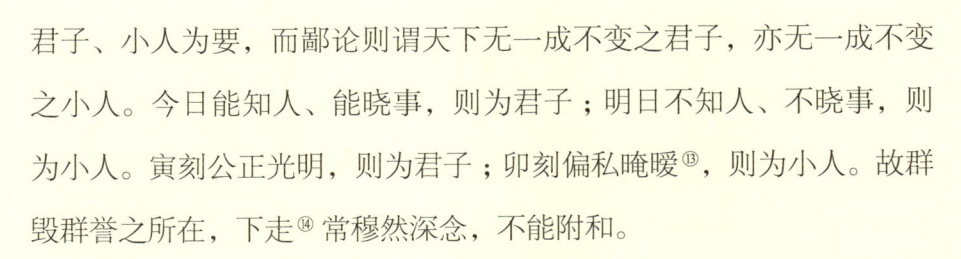

君子、小人为要，而鄙论则谓天下无一成不变之君子，亦无一成不变之小人。今日能知人、能晓事，则为君子；明日不知人、不晓事，则为小人。寅刻公正光明，则为君子；卯刻偏私晻暧⑬，则为小人。故群毁群誉之所在，下走⑭常穆然深念，不能附和。

7.5 营哨官之权过轻，则不得各行其志。危险之际，爱而从之者或有一二，畏而从之者则无其事也。此中消息，应默察之而默挽之，总揽则不无偏蔽，分寄则多所维系。

（以上五节，为曾文正公语）

【注释】

①大君：天子。

②介子推：又名介之推、介推，春秋时期晋国人。介子推一生有两件事广为人知，一是陪同重耳（即后来的晋文公）流浪列国时，割自己腿上的肉给快要饿死的重耳吃（割股奉君）；二是重耳上位为晋文公后，他不贪功，选择了隐居（不言禄）。介子推在中华文化中名气很大，以正、廉著称。后晋文公寻他不着，火烧绵山欲逼其出山，却不料将介子推与其母烧死。

③"屈原"一句：屈原不愿同流合污，宁愿跳江葬身。详见《楚辞·渔父》。

④"故曰""又曰"两句："故曰"句意为，兰草和芷草散失了芬芳，荃草和蕙草蜕变成茅莠。此句是说人应该谨慎对待自己的品德，随波逐流之后，则品德丧尽。"又曰"句意为，本来世态习俗就是随波逐流，又有谁能意志坚定、坚如磐石？此句是表明屈原对众人皆醉与

举世皆浊失望至极的心情，众人皆醉我独醒，举世皆浊我独清。两句均语出《离骚》。

⑤末造：朝代末世。造，代，世。

⑥揆（kuí）：准则。

⑦"顾亭林先生"一句：即后人总结顾炎武所说的那句话，"天下兴亡，匹夫有责"。顾炎武的意思是，政权更迭，与百姓无关，那是高官大夫们的事情；天下兴亡因为涉及种族与文明的消亡，这才与百姓相关，要人人参与挽救。语出顾炎武《日知录》："保国者，肉食者谋之；保天下者，匹夫之贱，与有责焉耳矣。"

⑧知人诚不易学：了解人的品行、才能，实在不容易学习。在《吕氏春秋》"孔子厄困于陈蔡"一文中，孔子误解了颜回，因而叹曰："知人固不易矣。"

⑨黾（mǐn）勉：勉励，尽力。

⑩和衷：本义和善，后多用于和睦同心。

⑪乡愿：示人以忠厚谨慎，实则是流俗合污的欺世盗名之人。语出《论语·阳货》："乡愿，德之贼也。"东汉末徐干《中论·考伪》解说为："乡愿亦无杀人之罪，而仲尼恶之，何也？以其乱德也。"

⑫狂狷（juàn）：指志向高远、克己守约的人。《论语·子路》："子曰：'不得中行而与之，必也狂狷乎！'"

⑬唵曖（ǎn ài）：昏暗貌。

⑭下走：自称的谦词。

【译文】

7.1　君主将生杀予夺之大权授予将帅，好比东家将银钱货物交与店铺的伙计（来打理）。如果将帅保举太滥（以徇私意），不爱惜君主所设官位与名号（的权威），就好比是伙计贱卖货物或糟蹋钱财浪费东西，不爱惜东家的银钱货物啊。介之推说："偷人家的钱财尚且被称为强盗，何况贪天之功以为自己的功劳呢？"我略微改动他的话为："偷人家的钱财尚且被称为强盗，何况用君主的官位与名号，来赚取自己的私人恩惠呢？"我有幸身居高位，但这件事上却无力挽回颓废之风气，深感惭愧。

7.2　我看古今大乱之世，必定先有是非不分，才有政事昏暗，灾祸随之爆发。昔日屈原之所以激愤投江义无反顾，也是痛苦于当时是非混乱而不能自拔。所以他才说："兰草和芷草散失了芬芳，荃草和蕙草蜕变成茅莠。"又说："本来世态习俗就是随波逐流，又有谁能意志坚定、坚如磐石？"他感伤是非混淆一日甚于一日，自己几无立足之地。其后的汉、晋、唐、宋诸代末世，无不是朝廷政局是非混乱在先，小人得志在后，而正人君子却惶恐无所依。由此推论一省之中，一军之内，也必然先是是非淆乱，而后导致政绩之善可陈。赏罚得以行使，需要依靠权位之力量，有的可行，有的不可行。可是维持是非公正，我们都有难辞之责。这就是顾亭林先生所说的"天下兴亡，匹夫有责"啊。

7.3　一般来说，做事当以"明"字为第一要义。明有两种：一是高明，二是精明。同一个地方，登上高山就能看到此地的辽远之处，

135

登上城墙就能感觉到此地的空旷之境，这就是高明。同一个物件，仅凭猜测判断它的重量，就不如用秤来称一称更准确；仅凭眼力判断它的长短，就不如用尺子来量一量更精确。凡是高明的人，（因其格局高、志向远）要想降低心智、抑制志向，猛然间于细务上平稳踏实，并不容易。可是，如若平时能够事事力求精当，轻重长短一丝不差，渐渐地就可以踏实了。能够踏实下来，也就渐渐平稳了。

7.4　凡是有"利"可图的，应当与人同分；凡是有"名"可求的，应当与人共享。身居高位的人，应当以知人、晓事为分内职责。知人固然可以说不易学习，晓事却可以通过阅历而努力获得。晓事，就是无论对赞同自己的人、还是不赞同自己的人，都可以慢慢开导，以期与之和睦同心。不晓事的话，则裹挟私意固然会做错事，秉公持中也会做错事；小人固然会做错事，君子也会做错事；

欺世盗名者固然会做错事，志高守约者也会做错事。如果再加上前面所说的"不知人"，那么做什么事都会事与愿违，这并不是（做事要遵循的）和合协调的道理。所以，一直以来的论调都是，区分君子和小人很重要。我却认为，天下没有一成不变的君子，也没有一成不变的小人。今天能知人、晓事，就是君子；明日不知人、晓事，就是小人。寅刻公正光明，就是君子；卯刻偏私昏聩，就是小人。所以，众人诋毁或赞誉某人时，我常肃然沉思，不去附和他们。

7.5 营官、哨官权力太小，则无法按照自己的意志行事。危险之际，因为爱戴而跟随的人或许会有几个，可是因为敬畏而跟随的人则是一个也没有。这其中的诀窍，将帅应当暗地观察而悄悄补救。将帅权力独揽，则军务巨细难免会有照顾不到的地方；分权于部属，则能各尽其责，相互制衡，上下一体。

（以上五节，为曾文正公语）

【故事链接】

曹丕羞辱于禁

曾国藩认为："世事无真是非，特有假好恶。"并且说："是非不明，节义不讲，此天下所以乱也。"虽然人人都会有偏见，克服所有的偏见是不可能，但还是应该秉持节义，只有秉持节义才不会因小失大，才能尽可能地趋向公正。

三国时，关羽攻打襄阳和樊城，这两座城池在曹魏的最南方前线。守将曹仁抵抗不住，请求救援。于是，大将于禁被派往援助。曹仁坐镇襄阳，命于禁和庞德守樊城。

当时正值秋季多雨，汉水暴涨。关羽引导河水，水淹樊城。庞德宁死不降，于禁向关羽投降了。

后来，关羽被杀，吕蒙攻破江陵，于禁又被转移到了东吴。再后来，刘备为关羽报仇，进攻东吴。东吴与曹魏结盟，就又把于禁送回到曹魏。

于禁回到曹魏时，已与之前判若两人，苍老得头发胡须全白了。他见到曹丕（魏明帝）时，放声痛哭。

于禁曾经被曹操赞誉为胜过古代良将，而且是唯一一个假节钺的外姓人（不姓曹或夏侯的人）。当年于禁投降关羽时，曹操曾经难以相信，喃喃地自言自语："于禁是跟随我三十余年的人了，怎么紧要关头反不如庞德了呢？"就是这样一个人，他投降了。再回到故国时，他的心情可想而知。

曹丕没有治罪于他，反而任命于禁为安远将军，当面安慰他说："春秋时，秦国大将孟明视也曾被晋国俘虏，可他以后不照样回到秦国效力了吗？"

曹丕让于禁去拜谒曹操的陵墓，事前又让人在陵园的屋子里挂上了关羽攻破樊城、庞德宁死不降、于禁卑躬屈膝投降的纸画。于禁看到后，羞愧悔恨，急火攻心病死了。

于禁投降，不符合我国古代以来的价值取向。曹丕可以治罪于他，甚至可以处死他。可是呢，曹丕没有给他最后的尊严（毕竟于曹魏而言，于禁功大于过），而是活活羞辱死他。以至于连古板的司马光都说，这也不是一个君王应该做的。

【原文】

7.6 举人不能不破格，破格则须循名核实①。否则，人即无言，而我心先愧矣。

7.7 世事无真是非，特有假好恶。然世之徇私以任事者，试返而自问，异日又岂能获私利之报于所徇利之人哉！盍②亦返其本矣。

7.8 天下惟左右习近不可不慎。左右习近③无正人，即良友直言亦不能进。

7.9 朝廷爵赏，非我所敢专，尤非我所敢吝，然必积劳乃可得赏。稍有滥予，不仅不能激励人才，实足以败坏风俗。荐贤不受赏，隐德必及子孙。

7.10 国家名器，不可滥予。慎重出之，而后军心思奋，可与图后效而速成功。

7.11 天下惟不明白人多疑人，明白人不疑人也。

7.12 是非不明，节义不讲，此天下所以乱也。

（以上七节，为胡文忠公语）

【注释】

①循名核实：按着名称或名义去寻找实际内容，使得名实相符。又作循名责实。

②盍（hé）：文言副词，为何。

③习近：接近。

【译文】

7.6 举荐用人不能不突破常规，但要按照标准认真考察，做到名副其实。否则，即便别人不议论什么，自己内心就先已然有愧了。

7.7 世上之事，没有绝对的是与非，只有虚伪的好与恶。可是，那些徇私用人、处事的人，姑且躬身自问，假以时日难道你们能从所徇私任用之人身上获得回报吗？！（既然不能）为何用人、处事不从根本上着手呢？

7.8 众人之中，唯有自己身边之人、亲近之人不可以不慎重对待。若身边没有正人君子，那么即便有为良友之人也不能近身，有忠直之言也不能入耳。

7.9 朝廷以爵禄和赏赐，不是我敢擅专独裁的，更不是我敢以之为己有而有所吝啬的，可是必须要有积功方能得到赏赐。赏赐稍滥，则不仅不能激励人才，反而破坏了风气。举荐贤能未必受赏，但所积累之阴德必会庇佑子孙。

7.10 国家所设官位与名号，不可赏赐过滥。赏赐谨慎，才能激励、振奋军心，这样才可以期待后面（更好的）表现，并且促进成功。

7.11 天底下只有那些不能知事明理的人，才会胡乱猜疑别人；知事明理的人，是不会动辄猜疑别人的。

7.12 不明是非，不讲节义，这是天下动乱的根由。

（以上七节，为胡文忠公语）

【故事链接】

诸葛瑾非道不行，非义不言

胡林翼说："众无大小，推诚相与。"对一人诚实，对一事诚实是容易做到的，对人人事事都诚实，就难了。胡林翼此语，强调的是一种时时处处诚实的处世态度。

三国时，关羽死后，刘备不顾众人劝阻，一意要攻打东吴。东吴上下惊慌失措。

这时，东吴的南郡太守诸葛瑾给刘备写了一封信。信中说："关羽是您的兄弟，他死了您很伤心。可是汉献帝是您尊敬的皇帝呀，他还尊称您为皇叔呢。曹操害死汉献帝，您是不是更应该找他报仇呢？再说，你要夺取荆州，荆州大呢，还是曹魏地盘大呢？所以说，我建议您去攻打曹操，而不是东吴。"

诸葛瑾写这封信的目的，是为了忽悠刘备，保全东吴的利益。诸葛瑾保护东吴利益，这是在恪尽职守，这本没什么错，可是诸葛瑾给刘备写信的这件事，被东吴的人知道了。他们开始怀疑诸葛瑾，说他暗中与敌人沟通。更要命的是，诸葛瑾的弟弟诸葛亮还在刘备那里做官，官还不小呢。

后来，风声越来越紧，连大将陆逊都给孙权上书说："我也不相信诸葛瑾会背叛东吴，可是得消除诸葛瑾的顾虑呀。"

孙权却认为，诸葛瑾绝对不会背叛他。在孙权给陆逊的回信中，讲了他和诸葛瑾以前的过往：

赤壁大战前夕，刘备派诸葛亮出使东吴。孙权见诸葛亮是个人才，就想把他留下来。于是，孙权去找诸葛亮的哥哥诸葛瑾。他对诸葛瑾说："你和诸葛亮是同胞兄弟，你现在已经在东吴做事了，何不把你弟弟也留在东吴呢？如果你能劝说你弟弟留下来，我会写信给刘备解释，我相信刘备也会同意的。"

诸葛瑾说："我弟弟既然已经为刘备效劳，并且双方有了君臣名分，那就不应该再有二心了。我弟弟不留在这里，就如同我不会投靠刘备一样。"

什么意思呢？孙权要求诸葛瑾去劝说诸葛亮改换门庭，诸葛瑾却说，我不希望我弟弟变节，那不是忠臣该干的事情。

诸葛瑾不论是对自己的君主，还是对自己的亲弟弟，交往都是遵循诚实，难怪孙权说他"非道不行，非义不言"。

【原文】

蔡按：文正公谓居高位以知人、晓事为职，且以能为知人、晓事与否，判别其为君子为小人。虽属有感而发，持论至为正当，并非愤激之谈。用人之当否，视乎知人之明昧；办事之才不才，视乎晓事之透不透。不知人，则不能用人；不晓事，何能办事？君子、小人之别，以能否利人济物为断。苟所用之人不能称职，所办之事措置乖方，以致贻误大局，纵曰其心无他，究难为之宽恕者也。

昔贤于用人一端，"内举不避亲，外举不避仇"。其宅心之正大，足以矜式①百世。曾公之荐左中堂②，而劾李次青③，不以恩怨而废举动，名臣胸襟，自足千古。

近世名器名位之滥极矣。幸进之途，纷歧杂出。昔之用人讲资格，固足以屈抑人才；今之不讲资格，尤未足以激扬清浊。赏不必功，惠不必劳，举不必才，劾不必劣。或今贤而昨劣，或今辱而昨荣。扬之则举之九天之上，抑之则置之九渊之下。得之者不为喜，失之者不为歉。所称为操纵人才、策励士气之具，其效力竟以全失。欲图挽回补救，其权操之自上，非吾侪所得与闻。惟吾人职居将校，在一小部分内，于用人一端亦非绝无几希④之权力。既有此权，则应于用人惟贤、循名核实之义，特加之意。能于一小部分有所裨补，亦为心安理得。

【注释】

①矜（jīn）式：示范。

②左中堂：左宗棠，字季高。湘军将领，平定太平军、镇压捻

军，兴办洋务，收复新疆，督师福建抗击法军入侵。历任闽浙、陕甘、两江总督，东阁大学士、军机大臣，授二等恪靖侯。去世后，谥号"文襄"，并入祀昭忠祠、贤良祠。左宗棠与曾国藩，无论性情还是处世，皆大相径庭。两人关系早在咸丰四年时便不甚融洽，胡林翼经常劝解两人。蔡锷说曾国藩保举左宗棠是名臣胸襟，即是指此而言。至于攻破南京，因为幼天王的下落问题，两人彻底闹翻，这是后面的事了。

③李次青：李元度，字次青，他是曾国藩最为亲近的心腹之一。李元度是典型的书生，他的长处在于文采，而非兵事。李元度与曾国藩的关系有过一次大的波折，曾国藩平定太平军的过程中，历经三次大难，分别是靖港、湖口、祁门三次战事。前两次都是李元度救了曾国藩的性命，最后一次却是李元度带给曾国藩的灾难。李元度弃城而逃，且不知悔改，后又背叛湘军投身浙江巡抚王有龄。曾国藩接连三次弹劾他。蔡锷说曾国藩弹劾李次青，就是这段经历。但后来李元度深思悔过，真正认识到自己的错处和曾国藩的情谊，主动给曾国藩写信祝贺他攻克南京、受到朝廷封赏。曾国藩也很感慨，复又上折为李元度开脱，虽然未能如愿，李元度却已释然。曾国藩去世后，李元度连作《哭师》十二首，字字珠玑，如泣如诉，他说曾国藩于他是"雷霆与雨露，一例是春风"，说曾国藩的生平是"昭代五文正，惟公踽斗魁。孤忠能治国，天性最怜才。青史无遗议，苍生竞述哀。"并且希望来生还做曾国藩的学生，"程门今已矣，立雪再生来"。

④几希：极少。

【译文】

蔡锷按：曾文正公说身居高位的人，应以知人、晓事为职责，并且以能否知人、晓事来判别其为君子或小人。虽是有感而发，其观点却极为合理，并非激愤之言。用人得当与否，取决于他知人明白还是糊涂；办事才具如何，关乎其晓事透彻与否。不知人，则不能用人得当；不晓事，如何能办事妥帖？君子与小人之别，以其所为能否于人有利、于事有益即可判断。如若他所用之人不能称职，所办之事处置失当，以至于贻误大局，即使他没有私心，终究也难以宽恕他呀。

古时的贤人，在用人这件事情上，做到了"内举不避亲，外举不避仇"。其用心之光明正大，足以垂范百世。曾公举荐左宗棠，而弹劾李元度，（无论举荐还是弹劾，完全凭心评理）不因个人恩怨亲疏而稍止，名臣胸襟，自当流传千古。

近世以来，官爵封赏泛滥到了极点。因投上司所好而侥幸进阶的途径，五花八门。先前用人讲究论资排辈，这固然会导致压制人才；而今用人倒是不讲资格了，可也没有能够激浊扬清。赏赐不需有功，恩惠不必有劳，保举不需有才，弹劾不必有过。有的人今天贤良，可昨天还很卑劣呢；有的人今天遭到辱骂，可昨天却还备受赞誉之荣。若要保举一人，则恨不能将他夸到九天之上；若要弹劾一人，恨不能将他贬至九渊之下。（官爵名位失去了应有的权威）得到官爵名位的人不以之为喜，失去官爵名位的人也不以之为憾。官爵名位，本来是操纵人才、激励士气的手段，如今其效力竟然消失殆尽了。想要挽回补救这一局面，决定权在上面，不是我们所能参与决定的。不过我们既然身居将校之职，在自己所能掌控的小范围内，对于用人一事也并非没有一点权力。既然有这样的权力，就应在用人一事上，用人唯贤、循名责实，要特别加以注意。能够在小范围内有所补益，我们也就心安理得了。

第八章　仁爱

【导读】

在中国的传统文化里，"仁"和"军"一直就是相对应存在的，具有正当性的一方，被称为仁义之师。军队之中，将领以仁爱来对待属下、兵士，也往往成为美谈，特别合乎儒家的胃口。儒家虽然未必有当下平等的观念，但是儒家较早地认识到人性与人心，提倡以忠恕之道作为交往原则，正是在这样的指导原则下，曾国藩与胡林翼提倡以仁爱带兵。

不过，事情往往就是这样奇怪，越是需要强调、提倡的，现实当中就越是稀缺，而非已然遍地开花。曾胡二人极力提倡仁爱，恰恰说明当时治军大多不以仁爱，更多以威权。这在古时等级社会中，也不奇怪。所以，本章曾胡二人所论及仁爱，更多是围绕仁爱治兵的必要性来阐释的，共分为三个层次：

一是将领之于下属、兵士的仁爱。曾胡二人在阐释将领以仁爱对待下属、兵士必要性的同时，进一步论述了将领以仁存心的必要性，以仁存心才能"己所不欲，勿施于人"，才能"己欲立而立人，己欲达而达人"。将领不以自己所厌恶的强加于兵士头上，不因自己喜欢而与兵士争夺，将心比心对待兵士，这就是最大的仁爱。孟子说，以力服人，人心不甘；以德服人，则心悦归服。曾国藩所说"带兵之道，用恩莫如用仁，用威莫如用礼"，"吾辈带兵，如父兄之带子弟一般"即是此意。

二是友军之间的仁爱。为将者需有大局观，明哲保身、隔岸观火，置友军于危境而不施以援手，便是毫无仁爱之心。纵然两军前有龃龉，或是私人怨愤，战场上也应相互救援，否则城门失火，唇亡齿寒。正如胡林翼所说"大将以救大局为主，并以救他人为主"，"圣贤、仙佛、英雄、豪杰，无不以济人济物为本"。

三是要爱民、护民。军队的本意，就应爱民、护民，甚至敌方之百姓也不能任意践踏。司马穰苴曾说："攻其国，爱其民，攻之可也。"更何况对自己的父老乡亲呢。所以曾国藩强调"爱民为治兵第一要义"，胡林翼坚持"军行之处，必须秋毫无犯，固结民心"。

【原文】

8.1　带兵之道，用恩莫如用仁，用威莫如用礼。仁者，所谓"欲立立人、欲达达人"是也①。待弁兵如待子弟之心，常望其发达，望其成立，则人知恩矣。礼者，所谓无众寡，无小大，无敢慢，泰而不骄也②。正其衣冠，尊其瞻视，俨然人望而畏之，威而不猛也③。持之

以敬，临之以庄，无形无声之际，常有凛然难犯之象，则人知威矣。守斯二者，虽蛮貊④之邦行矣，何兵之不可治哉！

8.2 吾辈带兵，如父兄之带子弟一般。无银钱，无保举，尚是小事。切不可使之因扰民而坏品行，因嫖赌、洋烟而坏身体。个个学好，人人成材，则兵勇感恩，兵勇之父母亦感恩矣。

8.3 爱民为治兵第一要义。须日日三令五申，视为性命根本之事，毋视为要结粉饰之文。

（以上三节，为曾文正公语）

【注释】

①欲立立人、欲达达人：自己想要站得住，同时也帮别人站得住；自己想要行得通，同时也帮别人行得通。语出《论语·雍也》："己欲立而立人，己欲达而达人。能近取譬，可谓仁之方也。""欲立立人、欲达达人"是孔子忠恕之道中的"忠"，是仁道的积极方面，与"己所不欲，勿施于人"相对应，后者是恕道，是仁道中的低限。

②"所谓无众寡"一句：无论人多人少，无论官爵高低，君子都不会怠慢，安泰矜持却不骄傲。语出《论语·尧曰》："君子无众寡，无小大，无敢慢，斯不亦泰而不骄乎？"

③"正其衣冠"一句：君子衣冠整齐，目不斜视，庄严而令人生畏，威严却不凶猛。语出《论语·尧曰》："君子正其衣冠，尊其瞻视，俨然人望而畏之，斯不亦威而不猛乎？"

④蛮貊（mán mò）：亦作"蛮貉""蛮貊"。古时对南方和北方华夏族以外的部落称谓，后亦泛指四夷。

【译文】

8.1 带兵的方法，恩义笼络就不如仁义归服，威猛摄人就不如礼让得心。仁是什么呢，就是自己要站得住，同时也要帮别人站得住；自己要事事行得通，同时也要帮别人事事行得通。对待兵士要有对待自家子弟的心肠，一心期望其能发达，能成人立事，（这样的心肠对待兵士）他们必然心怀感恩。礼是什么呢，就是无论人多人少，无论官爵高低，都不会怠慢他们，做到安泰矜持却不骄傲。衣冠整齐，目不斜视，庄严而令人生畏，威严却不凶猛。平素严肃认真，对待兵士庄重恭谨，虽云淡风轻悄无声息，却有凛然难犯的气象，这样就没人不知道你的威严了。如能坚守这两点，即便野蛮愚昧之邦也能行得通，还有什么样的兵士不能带好呢！

8.2 我们带兵，就应如同父兄带他们的子弟一样。没有银钱可得，没有功名保举，这还都是小事。万不可让他们因为扰民而败坏了自己的品行，不可因嫖娼、赌博、抽大烟而坏了身体。要他们个个都学好，个个都成才，这样兵勇会感恩，兵勇的父母也会感恩。

8.3 爱护百姓是治兵的第一要义。须得日日三令五申，将爱民视为军队生死攸关的大事，切不可当作装点门面的纸上文章。

（以上三节，为曾文正公语）

【故事链接】

秦昭王不救济饥民

曾国藩说："吾辈带兵，如父兄之带子弟一般。"这是对慈不掌兵偏见的正名。《孙子兵法》说："视卒如婴儿，故可以与之赴深溪；视卒如爱子，故可与之俱死。厚而不能使，爱而不能令，乱而不能治，譬若骄子，不可用也。"爱护兵士是没有错的，甚至是必须的，战国时名将吴起就与兵士同食同卧；西汉名将李广也是优厚待兵；三国猛将张飞，动辄苛待下属，结果死于非命。

战国时期，秦国的秦昭王在位56年，是秦国历史上国君在位时间最长的一个。秦昭王依托他爷爷秦孝公时期商鞅变法的积累，和他爹秦惠王的苦心经营，秦国在他的手里，兵力继续强大。

秦国的法律很残酷，秦国官吏百姓对秦王非常恐惧。一次，秦昭王生病了，有一个地方的几个百姓为他祈祷，等他病好了，还杀牛祭神。

大臣公孙衍看到了，就非常高兴地去跟秦昭王报喜。一见到秦昭王，公孙衍就说："哎呀，大王您的威望已经超越尧舜了。"

秦昭王很惊讶，我跟尧舜不怎么搭边吧，于是反问道："这是从何说起啊？"

公孙衍说："您生病了，百姓为您祈祷，您病好了，百姓杀牛祭神。尧舜那个时候，百姓也没有为他们祈祷啊。您这不是超越尧舜了吗？"

秦昭王却说："去查查是哪个地方的百姓，罚当地里正（相当于村长）与伍老（相当于军队里的班长）各出两副甲。"

过了几个月，趁着秦昭王喝酒喝得高兴的时候，公孙衍忐忑地说："大王，上次我认为大王胜过尧舜，这可不是献媚呀，的确是有百姓为您祈祷。"

秦昭王说："你怎么这么糊涂呀。那些百姓之所以服从我，并不是因为我爱他们，而是因为我有权力。我如果放弃了权力，即便我爱他们，他们也不会服从我。所以，治理百姓，不能用仁德。"

后来，秦国发生了严重的灾害，百姓都没有粮食吃了。有个大臣向秦昭王请示说："五苑里的瓜果蔬菜足够养活受灾的百姓了，请您开放五苑，让百姓进去摘取吧。"

秦昭王说："五苑里的瓜果蔬菜的确可以养活百姓，可是我们秦国的法律是，有功劳赏赐，没功劳不赏赐。现在开放五苑，百姓有功的和无功的都受到了赏赐，他们必然会争夺不已，这就会把秦国搞乱了。与其让他们争夺把秦国搞乱，还不如让他们统统饿死使国家安定呢。

153

不要再提这个建议了。"

秦昭王为了秦国的法律，宁可饿死百姓，也不救济他们。这就是秦国的法律，这就是秦国霸道。秦昭王死后 30 年，秦国灭掉了六国，建立统一的秦帝国。秦昭王死后 44 年，秦帝国灭亡，统一的秦帝国仅仅存在了 14 年。

没有仁爱，只以强力慑人，岂能长久？！

【原文】

8.4　大将以救大局为主，并以救他人为主。须有"嘉善而矜不能"①之气度，乃可包容一切，觉得胜仗无可骄人，败仗无可尤人。即他人不肯救我，而我必当救人。

8.5　必须谆嘱将弁，约束兵丁，爱惜百姓，并随时访查，随时董戒②，使营团皆行所无事，不扰不惊，戢③暴安良，斯为美备。

8.6　爱人当以大德，不以私惠。

8.7　军行之处，必须秋毫无犯，固结民心。

8.8　长官之于属僚，须扬善公庭，规过私室。

8.9　圣贤、仙佛、英雄、豪杰，无不以济人济物为本，无不以损己利人为正道。

8.10　爱人之道，以严为主。宽则心驰而气浮。

8.11　自来义士忠臣，于曾经受恩之人，必终身奉事惟谨。韩信为王，而不忘漂母一饭之恩；张苍作相，而退朝即奉事王陵及王陵之妻如父母，终身不改。此其存心正大仁厚，可师可法。

（以上八节，为胡文忠公语）

【注释】

①嘉善而矜不能：嘉许善人，同情那些不能的人。语出《论语·子张》："君子尊贤而容众，嘉善而矜不能。"

②董戒：戒备。

③戢（jí）：停止。

【译文】

8.4　大将当以挽救大局为主，也要以援助他人为主。需要有"嘉善而矜不能"的气度，才能包容一切，觉得打了胜仗也没什么傲人的，打了败仗也没什么可埋怨的。哪怕是他曾不肯援救于我，（如他有难）我也必定驰援于他。

8.5　必须要谆谆告诫大小将官，约束兵士，爱惜百姓，并且要随时查访，随时戒备，使营团各部驻扎时不惹事端，不惊扰百姓，除暴安良，这才算是完美。

8.6　爱人要遵循道德原则，而不是靠小恩小惠。

8.7　军队所到之处，必须要秋毫无犯，与当地百姓结成统一战线。

8.8　长官对于自己的部属，须得公布其功绩于大庭广众之下，而规劝过失则要少为人知。

8.9　圣贤、仙佛、英雄、豪杰，他们无不是以利人利世为根本，无不是以损失小我成全大我为正道。

8.10　爱人之道，以严厉为主。过于宽容，反使他心浮气躁。

8.11　自古以来的忠臣义士，对于曾经有恩于他的人，必定会终身恭瑾侍奉。韩信贵为楚王，还忘不了当年漂母一顿饭的恩德；张苍官至丞相，依然侍奉王陵夫妇如同父母。这正是他们心存仁厚、正大光明，值得后人效法、学习。

（以上八节，为胡文忠公语）

【故事链接】

王莽以恩惠笼络人心的结局

胡林翼说："爱人当以大德，不以私惠。"这是大局观眼光。战国时，子产在郑国为相，他用自己的马车帮助行人过河，孟子评价说他不懂得为政。孟子的意思是，子产身为相国，既然看到民众过河困难，就应该修桥，而不是用自己的马车去帮助人过河。

如果说子产还是好心做事，那么王莽就是纯粹以恩惠邀名了。王莽是西汉汉成帝母亲王政君王太后的侄子，因为王莽的父亲早死，王太后就把他养在东宫。王莽虽然从小失去了父亲，可是毕竟养在东宫里呀，所以他的生活并不艰苦。

王莽没有像其他的权贵子弟那样，整天花天酒地声色犬马。相反，他节俭恭敬，勤奋好学，有了渊博的学问。

他长大后，在家赡养母亲，抚育兄长过世后留下的侄儿，十分尽心。在外，他与有贤能的人交往，都是以礼相待。他的名声越来越好。

王莽有个伯父，叫王凤。王凤是朝廷的大司马，权势非常大。王莽就格外亲近王凤。有一次，王凤病了，王莽贴身伺候了好几个月。喂药时，都是他先尝过后，才给伯父服用。

王凤病逝前，举荐王莽当上了黄门郎。黄门郎是一条升官发财的"快车道"啊，就这样，王莽开始发家了。

由于王莽掩饰得太好了，他的叔叔和一些有名望的人，都向皇帝举荐他。王莽的官越来越大了。官职高了，王莽反而更夹着尾巴做人了。如此一来，就有更多的人向皇帝举荐他。在他38岁的时候，他竟然当上了大司马。

王莽为了积累更多的声望，他无节制地启用读书人做官，把皇帝赏赐给他的土地都用来养活读书人。他自己呢？这下更加节俭了。有一次，王莽的母亲病了，大臣们到他家里去探望。大臣们看到迎接自己是一个穿着十分节俭的妇人，问过之后才知道，她竟然是当朝大司马王莽的妻子。

王莽的这些虚把式骗过

了很多人，终于为他自己篡夺西汉政权做好了准备。后来，王莽建立了新朝，而他的嘴脸也被人看清了。15年后，王莽被人杀死了，尸体都找不到了。

商汤推翻夏桀，周武王推翻商纣，《周易》说这是"上承接天命，下顺应民心"的革命。就是因为商汤和周武王不是虚仁假义地博取声望，这两个人是真正心怀仁义挽救天下苍生。王莽则相反。

蜀汉初年，诸葛亮担任丞相，没有实行大赦，有人便非议诸葛亮。诸葛亮说："国家治理需要的是仁政，而不是小恩小惠。刘表治理荆州的时候，年年都发布赦免的告示，可是又有什么用呢？只是假仁假义罢了。"

后来，费祎做了丞相，蜀汉实行大赦。大司农、河南人孟光当众质问费祎："实行大赦，是一种不得已而为之的举措，怎么能当作太平盛世的治国方法呢？违背既定法令，额外施恩于那些为非作歹的奸恶小人，于国于民有何益处？"

因此蜀人极力称赞诸葛亮的贤明，都知道费祎是比不上他的。陈寿评论这两件事时说："诸葛亮当政，不轻易实行大赦，不也很高明吗（不亦卓乎）？"

【原文】

蔡按："带兵如父兄之带子弟"一语，最为慈仁贴切。能以此存心，则古今带兵格言，千言万语，皆可付之一炬。父兄之待子弟，虑其愚蒙无知也，则教之诲之；虑其饥寒苦痛也，则爱之护之；虑其放荡无行也，则惩责之；虑其不克发达也，则培养之。无论为宽为严，为爱为憎，为好为恶，为赏为罚，均出之以至诚无伪，行之以至公无私。如此则弁兵爱戴长上，亦必如子弟之爱其父兄矣。

军人以军营为第二家庭，此言殊亲切有味。然实而按之，此第二家庭较之固有之家庭，其关系之密切，殆将过之。何以故？长上之教育部下也，如师友，其约束督责爱护之也，如父兄。部下之对长上也，其恪恭①将事，与子弟之对于师友父兄，殆无以异耳。及其同征战役也，同患难，共死生，休戚无不相关，利害靡不与共。且一经从戎，由常备而续备，由续备而后备，其间年月正长，不能脱军籍之关系。一有战事，即须荷戈以出，为国宣劳。此以情言之耳。国为家之集合体，卫国亦所以卫家，军人为卫国团体之

中坚，则应视此第二家庭为重。此以义言之耳。

古今名将用兵，莫不以安民、爱民为本。盖用兵原为安民，若扰之害之，是悖用兵之本旨也。兵者民之所出，饷亦出之自民。索本探源，何忍加以扰害？行师地方，仰给于民者岂止一端；休养军队，采办粮秣，征发夫役，探访敌情，带引道路，何一非借重民力！若修怨于民而招其反抗，是自困也。

至于兴师外国，亦不可以无端之祸乱，加之无辜之民，致上干②天和，下招怨怼③。仁师义旅决不出此。此海陆战条约所以严掳掠之禁也。

【注释】

①恪恭（kè gōng）：恭谨，恭敬。

②干：违背，冒犯。

③怨怼（duì）：怨恨。

【译文】

蔡锷按："带兵如父兄之带子弟"这句话，最为仁慈贴切。如能牢记在心里，那么古今带兵的格言，千言万语尽可付之一炬了。父兄对待子弟，担心他们蒙昧无知，就潜心教导他们；担心他们挨饿受冻，就无微不至地爱护他们；担心他们放荡形骸，就苦心惩罚责备他们的过错；担心他们不能发达，就尽力地培养他们。无论是宽还是严，是爱还是恨，是喜欢还是厌恶，是赏还是罚，都是出自一片至诚，都是出于公心而非私念。如果长官这样对待兵士，那么兵士爱戴长官，必然也如子弟爱他们的父兄一样。

军人把军营当作自己的第二个家庭，这句话尤其让人感到亲切有味。可是从实际情况来看，军营这个第二家庭与军人的原生家庭相比，成员关系恐怕更为密切。为何这么说呢？因为长官教育部下，就像良师益友；长官约束、督责、爱护部下，就像父兄。而部下对于他们的长官，谨慎恭敬侍奉的态度，与子弟侍奉父兄没什么分别。所以，等他们奔赴沙场，就能同患难，共生死，休戚与共。并且，一旦从军，由常备军到续备军，由续备军到后备军，其间年月长久，不能脱离军籍的关系。一旦有战事，就必须荷枪实弹奔赴疆场，为国出力。这是从感情方面来说的。国是家庭的集合体，保卫国家也就是保卫家庭，军人是保卫国家的中坚力量，也应当以第二个家庭为重。这是从道义方面来说的。

　　古往今来的名将用兵，无不以安抚百姓、爱护百姓为根本。这是因为用兵的目的就是为了安抚百姓，若是军人反而侵扰祸害百姓，这

就与用兵的宗旨相背离了。军人来自百姓，粮饷也来自百姓。追根溯源，又如何忍心侵扰祸害百姓呢？行军作战，依赖于百姓的事情岂止一个方面？军队修养，粮草采办，征用役夫，探测敌情，带路引路，哪一个不需要借重百姓呢！如果与百姓结怨招致他们的反抗，那可就是作法自毙了。

就算境外作战，也不可以无端祸乱地方，加害无辜百姓，导致上违天和，下招民怨。仁义之师，绝不会干出这样的事情。这也就是海战、陆战条约之所以严禁掳掠的原因啊。

第九章　勤勞

【导读】

本章论及勤劳，包含三层意思：一是为将者勤于严格自身，不生懈怠之心，"军旅之事，非以身先之劳之，事必无补"，"未有平日不能忍饥耐寒，而临敌忽能忍饥耐寒者"；二是带兵勤于思考，严于执行、监督，"将不理事，则无不骄纵"，"治军之道，必以苦其心志、劳其筋骨为典法"；三是勤于军事训练，培养士气，严肃军纪，"凡兵之气，不见仗则弱，常见仗则强"，"练兵之道，必须官弁昼夜从事，乃可渐几于熟"。

曾国藩与胡林翼二人所说的勤劳，实际就是强调敬业精神。卖什么吆喝什么，身为军人，却心意懒散，懈怠嬉戏，就是渎职。蔡锷从军人应有之精神，与人性宜动、闲居则常为不善来总结，实则也是在强调军人应有的职业素养。只不过中国文化传统，习惯于将所有事情装入道德的框子，故曾胡二人论及军人素质与素养，也会从道德入手阐释。时至今日，评述一个人在职业岗位做出了贡献的时候，依旧习惯于深挖其道德原因，而忽视职业本身的要求使然，其结果就是，一旦从对其工作的肯定转化为对其道德高度的肯定后，便不容丝毫质疑，于其本人、社会都是不堪负载之重，这实际上是与现代职业观念不吻合的。

曾胡二人论及之勤劳，还有一层含义，即脚踏实地循序渐进。带兵之人，不能沉下心来"点名""看操""查墙子"，事无大小耐得住性子一一熟悉一遍，总臆想名将大开大合的风流，那是一定要栽跟头的。

【原文】

9.1　练兵之道，必须官弁昼夜从事，乃可渐几于熟。如鸡伏卵，如炉炼丹，未可须臾稍离。

9.2　天下事，未有不由艰苦中得来，而可大可久者也。

9.3　百种弊端，皆由懒生。懒则弛缓，弛缓则治人不严，而趋功不敏。一处弛，则百处懒矣。

9.4　治军之道，以勤字为先。身勤则强，逸则病。家勤则兴，懒则衰。国勤则治，怠则乱。军勤则胜，惰则败。惰者，暮气①也，当常常提其朝气。

9.5　治军以勤字为先，由阅历而知其不可易。未有平日不早起，而临敌忽能早起者；未有平日不习劳，而临敌忽能习劳者；未有平日不能忍饥耐寒，而临敌忽能忍饥耐寒者。

9.6　每日应办之事积搁②过多，当于清早单开本日应了之件，日内了之，如农家早起，分派本日之事，无本日不了者，庶几积压较少。

9.7　养生之道，莫大于惩忿窒欲③，多动少食。

（以上七节，为曾文正公语）

【注释】

①暮气：精神消沉，不思作为的状态。跟"朝气"相对。

②积搁：积压。

③惩忿窒欲：克制愤怒，抑制嗜欲。惩，惩戒。忿，愤怒。窒，抑制。欲，嗜欲。

【译文】

9.1　练兵，必须官兵昼夜操练，才能越来越熟练。如同母鸡孵化小鸡，道人炉中炼就仙丹，不能有片刻稍息。

9.2　天下之事，没有不是从艰苦中得来，才能发展壮大、长久的。

9.3　各种弊端，都是因懒惰而起。懒惰就容易松散懈怠，松散懈怠就容易治人不严，做事缺乏敏锐。只要有一处松散懈怠，就会有百处懒散不振。

9.4　治军的诀窍，首先是一个勤字。一个人，勤劳则身体强健，安逸则疾病上身。一个家庭，家人勤劳则家业兴旺发达，家人懒散则家业衰败。一个国家，上下勤劳则国家安定，上下懈怠则国家动乱。一支军队，将士勤劳则立于不败，懒散怠惰则先已不胜。懒惰，实则

就是消沉的暮气在身，军队中要提倡、培养朝气。

9.5 治军以勤字为要，从我自身的所观所闻就知道，以勤治军不能更动。还从来没有平日不早起，遇上战事反而一下子就能早起的；从来没有平时不勤劳，遇到战事反而一下子就能勤劳的；从来没有平日难忍饥寒之苦，遇到战事反而一下子就能忍受的。

9.6 如果每天应当处理的事情积累很多，应当一大早就列出清单，将当日应处理的事情处理完毕，就像农家早起，分派清楚当天应该做的事情，没有当天完不成的，这样也就不会有积压的事务了。

9.7 养生的诀窍，没有什么比无怒无欲、多动少食更重要的了。

（以上七节，为曾文正公语）

【故事链接】

萨尔浒战役

曾国藩认为，治军的诀窍就是一个勤字，为将者身体力行，心不懈怠；练兵，则更是要昼夜操练，才能越来越熟练，就如同母鸡孵化小鸡，中间不可稍有松懈。无论是将领的自身成长，还是军队的培养，都需要有一个循序渐进的过程，每一步都走得踏实，才能越来越强。他反对那些难以名状的灵光一现（汉代以后的史书中，多有未卜先知的人，事先就对后来的结果了然于胸，细观记载，却又毫无踪迹可循），"窃疑古人论将，神明变幻，不可方物，几于百长并集，一短难容。恐亦史册追崇之词，初非预定之品"。

发生在明朝万历四十七年（1619）的萨尔浒之战，胜败对明帝国和建州女真都将是战略态势上的根本扭转。出乎意料的是，明帝国仅仅5天就输掉了这次战役，从此以后，明帝国失去了对辽东的控制。

明帝国之所以输得这么干脆，单纯归于气数已尽有些玄虚；归于万历昏庸、国内农民军起义，也不足以说明实际问题，单就萨尔浒一战而言，明帝国就输在"懒"上了。一是大政方略上的懒，二是军队训练上的懒（训练与卫所制度的腐败）。

大政方略上的懒，主要体现在贻误战机。早在1587年，也就是努尔哈赤袭封建州左卫指挥使4年后，就开始兼并扩张了，这已经违背明帝国的"羁縻"国策。辽东巡抚顾养谦给帝国示警，并建议征剿，但监察御史王缄主张安抚，双方争执无果，然后……然后就没了结果，不了了之了。请注意，这是萨尔浒战役前32年。

到1615年时，也就是萨尔浒战役4年前，努尔哈赤已经完成了对女真各部的征服，可是这个时间里，明帝国无动于衷，最大的可能就是对建州女真的壮大一无所知，要么想当然地对建州女真的认识还停留在成化三年（1467年，明帝国发兵5万，给了建州女真灭顶一击）。而实际上建州女真已经兼并海西女真四部中的三部，东海女真最强三部也被兼并，此时的建州女真已非昔日。边防大事上，帝国上下竟也懒散至此。即便到了1616年，努尔哈赤建国，公开反叛之时，明帝国依然一言未发。直至1618年，努尔哈赤发布"七大恨"檄文，人家要主动来进攻了，帝国才猛然一惊。

从后来萨尔浒战役中帝国的表现看，明帝国应该是对建州女真的兵力、实力、发展状况一无所知，更不用说什么有用情报了。明帝国对辽东女真事务的态度，就像把脑袋埋入沙子的鸵鸟。本来，在努尔哈赤羽翼未丰却好斗，即兼并女真各部之时，帝国是有能力给予雷霆一击的，可是帝国上下懒散成性，无所作为。

军队训练上的懒也是如此。当时明帝国参战部队号称20万，实则10万上下，建州女真参展人数4万，后增加到6万多。双人在兵力上大致相当，之所以说大致相当，是因为建州女真动员要优于帝国军队——可以做到全民皆兵，而帝国军队则无法做到。

人数相当，不表示战力相当。帝国军队因为常年的懈怠，懒散畏惧的风气早已弥漫全军。帝国军队依然是腐败的卫所制度，大小军官成为事实上的大小地主，而普通兵士则成为事实上的农民甚至佃户，军队训练早已无从谈起。每次战役一起，主将出阵，亲兵（家丁）

护卫，其余兵士一哄而上。战胜了，军官及其亲兵获利最多，战败了他们的损失也最多。胜败于普通兵士而言，意义不大。正是这样，一旦主将和其亲兵顶不住，普通兵士则顺势逃亡。

明帝国后期，几乎所有能够征战的将领，都是依靠亲兵，而不在意普通兵士的训练或力量。辽东铁骑以战斗力之强，足以丝毫不畏惧蒙古或其他游牧民族的骑兵，其组织形式，依然是李成梁父子加亲兵。在萨尔浒战役中战死的帝国将领杜松与刘綎，无不是依靠亲兵冲杀，但其余兵士战力却极为难堪。

正是战略上的懒惰，与军事训练上的懒散，导致明帝国虽人数略占优势，且有火器供应，却输得极其彻底、悲壮。

【原文】

9.8 军旅之事，非以身先之劳之，事必无补。古今名将，不仅才略异众，亦且精力过人。

9.9 将不理事，则无不骄纵者；骄纵之兵，无不怯弱①者。

9.10 凡兵之气，不见仗则弱，常见仗则强。久逸则终无用处，异日则必不可临敌。

9.11 兵事如学生功课，不进则退，不战则并不能守。敬姜②之言曰："劳则思，逸则淫。"设以数万人屯兵境上，无论古今无此办法，且久逸则筋脉皆弛，心胆亦怯，不仅难战，亦必难守。

9.12 淫佚酒色，取败之媒；征逐嬉娱，治兵所戒。金陵围师之溃③，皆由将骄兵惰，终日酣嬉，不以贼匪为念。或乐桑中之嬉，或恋室家之私，或群与纵酒酣歌，或日在赌场烟馆。淫心荡志，乐极忘疲，以致兵气不扬，御侮无备，全军覆没，皆自宣淫纵欲中来也。夫兵犹火也，不戢则焚；兵犹水也，不流则腐。治军之道，必以苦其心志、劳其筋骨为典法。

（以上五节，为胡文忠公语）

【注释】

①怯弱：军力薄弱，战力不强。

②敬姜：姜姓，谥曰敬，齐侯之女，鲁国大夫公父文伯之母。世称贤母敬姜的《论劳逸》是春秋战国时期家训的代表之作，"劳则思，逸则淫"即是出于此。敬姜这句话的意思是说，勤劳能让人多思考而生出善心，安逸则常让人生出坏心。

③金陵围师之溃：指的是咸丰十年（1860）太平军攻破清军江南大营一事。江南大营主力为绿营兵，属于清廷直属。咸丰八年清军重建江南大营后，以和春为提督、钦差，和春举荐何桂清任两江总督。何桂清上任后，两江每月供给江南大营军饷达五十万两之巨，江南大营人数迅速扩充到八万人，武器上也是鸟枪换炮，大量购进洋枪洋炮。咸丰十年，江南大营攻占南京南北往来和水陆出入的咽喉——九洑洲，形成了对南京的合围，形势一片大好。就在这时，太平军将领李秀成用调虎离山之计，攻破了江南大营。清军江南大营的失败，当然有中计将主力调出的原因，但更多则是军纪涣散。据说，西方牧师这样描述江南大营："不像军队，形同市集，吃喝玩乐，大烟娼赌俱全。"对于江南大营的失败，胡林翼早就预见到了。

【译文】

9.8　军旅中的很多事情，将帅如不能身先士卒，则凡事多有不成。古往今来的名将，都是不仅才略高于常人，而且精力过人。

9.9　将帅不亲自处理军务，那么兵士就会骄纵成风；兵士骄纵，临敌必然毫无战斗力可言。

9.10　大凡军队士气，不常打仗就会弱，经常打仗就会强。长时间被置于安逸之处而没有什么任务，他日启用时则必然不能迎敌。

9.11　兵事如同学生做功课，不进则退，闲置而不能经常出击攻敌，则最终连防守的力量也没有了。敬姜曾说："劳则思，逸则淫。"设想，边境并无战事却将数万兵士闲置于此，从古至今也没有这么做的。况且，长时间安逸无所事事，将士必然身心松散懈怠，胆怯也就由此而生，（胆怯之心一起）则不仅不能出击攻敌，就连防守与御敌也是不能。

9.12 纵欲酒色，取败之道；沉迷嬉戏，治兵大忌。围困金陵的江南大营被攻破，都是因为将骄兵惰，终日沉迷嬉戏，不把剿匪放在心上。有的与女人暗地交欢，有的贪恋小家的安逸，有的结伴纵酒酣歌，有的流连于赌场烟馆，淫心荡志。全军上下乐极忘疲，以致军队士气不振，对敌人的进攻毫无防备，导致全军覆没，这都是上下宣淫纵欲造成的啊。军队就像烈火，不加节制反受其害；军队又如同流水，不流动就会腐臭。治军的诀窍，必须要以"苦其心志、劳其筋骨"为至上律规。

（以上五节，为胡文忠公语）

【故事链接】

曾国藩反感纸上谈兵

不通军事的人，说起军事往往注重沙场决战的宏阔，或双方计谋策划的奇思妙想。可是这只是军事的一小部分，甚至不是最重要的那部分。设想一下，小时候当班长，长大工作了做组长、主任等，这才几个人呢，你管理的效果如何呢？更别提几万、十几万甚至几十万人马，首先吃喝拉撒就是一大摊子，哪一样缺了都是致命的，如果处理不好，不用人打自己就乱了。这些解决了，还得让这么多人听话，步调一致，这又是复杂的一摊子。

所以，孙子说："昔之善战者，先为不可胜，以待敌之可胜。"就是先把自己内功练好，自己走路都还不稳当呢，就惦记去打别人，这只是不知军事的臆想。所以，曾国藩反复强调"军旅之事，非以身先之劳之，事必无补"，于将领而言，粮草、考勤、训练、军纪这些，都必须自己亲力亲为一番，方才能知道哪里缺了，哪里漏了。自己无缺无漏，才能立于不败之地。

曾国藩统率湘军时，幕僚当中有一个叫李元度的人。李元度带兵打仗时，喜欢研究古代战例，他觉得史书中所载的战事，很过瘾。于是从《二十三史》中摘录了"精彩"战例汇编成册，打算依此来治兵。

曾国藩听说了，吓了一跳，赶紧给他写信告诫说："军事是极质之事，二十三史，除班、马而外，皆文人以意为之。不知甲仗为何物、战阵为何事。浮词伪语，随意编造，断不可信。"古代历史，都是文人记载，文人又不通军事，记载便是想当然了，这玩意要多不可靠有多不可靠，你竟然用它来治军。赶紧把它扔了，老老实实从点名、操练、查岗做起吧，"须劝之尽弃故纸，专从事于点名看操、查墙子诸事也"。只可惜，李元度并没有听进去，最后把徽州丢了。

战国时，赵国有个名将名叫赵奢，因功授封马服君。赵奢有个儿子，名叫赵括，近水楼台先得月，自小耳濡目染跟他爹学了不少兵法理论，说起军事来，赵奢都说不过他。可是赵奢是经历过大风大浪的人，什么阵势没见过，打仗那是你死我活的买卖，赵括从来没有上过战场、带过兵，却自以为是得很，这并不是个好兆头。

后来，秦国以白起为将与赵国大将廉颇相持于长平。廉颇的办法看着笨拙，却很有效。既然秦军兵强马壮人数众多，那我就据险而守就是了。反正你打不上来，你远道而来，粮草是有限的，吃光了带的粮食，自然就回去了。秦军粮草运输困难，廉颇就抓住了这点，坚守不出。

可是再后来的事情，大家也都知道了，赵国中了秦国的反间计，撤换廉颇，换上赵括（读《史记》至此，极为不解，赵括根本没有带兵团作战的经验，赵王怎么就敢以几十万大军托付于这样一个人。不过再看看春秋战国时期，人才任用不拘一格，昨日还是奴隶，今日即为相国的事情也是稀松寻常，也就似乎理解了，赵括毕竟血统好，他爹厉害。而且，这种军职父死子继的事情，一直到三国两晋南北朝时期，也是普遍）。赵括一来，牛了，更改了廉颇防守的战略，转而与秦军决战。不幸中了埋伏，40万赵军尽数被坑杀（有人说是活埋，有人说是杀死埋坑），赵括自己也被俘。

【原文】

蔡按：战争之事，或跋涉冰天雪窟之间，或驰驱酷暑恶瘴之乡，或趁雨雪露营，或昼夜趱①程行军，寒不得衣，饥不得食，渴不得水。枪林弹雨之中，血肉横飞，极人世所不见之惨，受恒人所不经之苦。其精神、其体力，非于平时养之有素，练之有恒，岂能堪此？练兵之主旨，以能效命于疆场为归宿。欲其效命于疆场，尤宜于平时竭尽手段以修养其精神，锻炼其体魄，娴熟其技艺，临事之际，乃能有恃以不恐。故习劳忍苦，为治军之第一要义。而驭兵之道，亦以使之劳苦为不二法门。盖人性似猴，喜动不喜静，宜劳不宜逸。劳则思，逸则淫。闲居无所事事，则为不善。此常人恒态。聚数百千血气方刚之少年于一团，苟无所以范其心志、劳其体肤，其不逾闲荡检②、溃出堤防之外者，乌可得耶？

【注释】

①趱（zǎn）：赶路。

②逾闲荡检：行为不规矩，不守礼法。逾、荡，超越。闲、检，指规矩、法度。

【译文】

蔡锷按：行军打仗，有时要跋涉冰天雪地，有时要奔波于酷暑瘴气之地，有时需要在雨雪天里露营，有时需要昼夜不停急行军，冷了没有棉衣穿，饿了没有食物吃，渴了没有饮水喝。枪林弹雨之中，血肉横飞，看尽人世间所不常见的惨状，受尽常人所不曾经历的苦难。其精神、体力，要不是平时培养有素，训练有恒，岂能忍受得了？练兵的主旨，以兵士能够效命于疆场为目的。要兵士效命于疆场，就要平时用尽手段修养他们的精神，锻炼他们的体魄，提升他们的军事技能。只有这样，临阵之际，才能做到有恃无恐。所以，让兵士能够吃苦耐劳，是治军的第一要义。这是因为人的性情与猴子一样，喜动而不喜静，适宜劳动而不适宜安逸。劳动就会勤于思考，安逸就会萌生邪心。闲居无所事事时，就会做不好的事情。这是人性常态。聚集数百上千血气方刚的年轻人在一起，如果不能统一他们的思想，劳乏以锻炼他们的体魄，要想使他们规规矩矩、不做出格的事情，这怎么可能呢？

第十章 和辑

【导读】

本章论及和辑，即为和睦团结之意。此处的和睦团结，如同雍正书写于军机处的"一团和气"，与此道理一般无二。雍正时，汉臣张廷玉与满臣鄂尔泰两大军机势同水火，雍正企图用"一团和气"来调停、劝解两位军机大臣，不要闹党争，要齐心为国。曾国藩和胡林翼崇尚和辑之气，又有其切实的原因。

湘军自开始，便有自己的规则，帅选将，将选兵，特别强调忠诚二字。因为当时的清政府已经无法供应粮饷，湘军各部粮饷，全凭主帅的筹饷能力。从这个意义上说，帅之于将，将之于兵，就有了下级忠诚于上级的期许，而兵之于将，将之于帅，也就有了忠诚的逻辑。正是在这个基础上，曾国藩和胡林翼两个湘军领袖，分外重视湘军内部的和睦团结。

曾国藩或是其本身修养功夫使然，或为顾全大局使然，总之他四十岁后行事，多宁肯屈以求全，忍辱以负重。他所说的"祸机之发，莫烈于猜忌"，"处处严于治己，而薄于责人"，"敬以持躬，恕以待人"，并非单为说教，而是自己就秉持以行事的。胡林翼更是直接说："为大将之道，以肯救人、固大局为主……古来将帅不和，事权不一，以众致败者。"也正因湘军的两个领袖共同坚持和辑，曾国藩才能自诩"湘军之所以无敌者，全赖彼此相顾，彼此相救"。而曾国藩也的确能容人，尽管左宗棠、李鸿章并非他的嫡系，但已然保举他们胜任巡抚职位。尽管被李元度伤得不轻，他却还是不惜护其周全。

而胡林翼为了湘军的凝聚力，也是极尽周旋之能事。曾国藩被咸丰皇帝卸磨杀驴时，他为曾国藩喊冤叫屈；当曾国藩去职离任时，他苦心经营维持湘军不散；当左宗棠与曾国藩有矛盾时，他积极斡旋调解；当沈葆桢与曾国藩闹分裂时，他两下相劝。曾国藩后来复出，胡林翼高兴得甚至肺结核的病情都好了很多，毅然将手下大将鲍超送给曾国藩，鲍超、彭玉麟、曾国荃成为曾国藩最为仰仗的三支队伍。

湘军前期战斗力之盛，与军纪严明、书生将兵有直接关系，但是上下团结更是重要因素。蔡锷之时，各地新军已然派系林立，蔡锷主张和辑，也是希望军人以大局为重，放下成见，专心于应对国外列强与国内倒退力量（先是清政府，后为袁世凯），以挽救中华民族于水火。

【原文】

10.1　祸机之发，莫烈于猜忌，此古今之通病。败国、亡家、丧身，皆猜忌之所致。《诗》称："不忮不求，何用不臧①？"忮、求二端，盖妾妇、穿窬②兼而有之者也。

10.2　凡两军相处，统将有一分龃龉③，则营哨必有三分，兵夫必有六七分。故欲求和衷共济，自统将先办一副平恕之心始。人之好名，谁不如我？同打仗不可讥人之退缩，同行路不可疑人之骚扰。处处严于治己，而薄于责人，则唇舌自省矣。

10.3　敬以持躬，恕以待人。敬则小心翼翼，事无巨细，皆不敢忽。恕则凡事留余地以处人，功不独居，过不推诿。常常记此二字，则长履大任，福祚④无量。

10.4 湘军之所以无敌者,全赖彼此相顾,彼此相救。虽平日积怨深仇,临阵仍彼此照顾;虽上午口角参商⑤,下午仍彼此救援。

(以上四节,为曾文正公语)

【注释】

①不忮不求,何用不臧:不害人,不贪求,就会无往而不利。忮,怨恨,此引申为害。求,贪求。用,实施。臧,善、好。语出《诗经·邶风·雄雉》:"百尔君子,不知德行。不忮不求,何用不臧?"《韩婴外传》卷一:"非其道而行之,虽劳不至;非其有而求之,虽强不得。故知者不为非其事,廉者不求非其有,是以害远而名彰也。"可算"不忮不求,何用不臧?"的精当注解。

②穿窬(yú):挖墙洞和爬墙头(欲行窃),此处指代小偷。亦作穿踰。

③龃龉(jǔ yǔ):意见不合,相互抵触。

④福祚(zuò):福禄,福分。祚,福运。

⑤参商(shēn shāng):参和商是二十八星宿之一,因两者不能同时出现,故常用来比喻亲友不能相见,或感情不和。

【译文】

10.1 祸机引发的原因,没有什么比得上猜忌了,这是古今的通病。国破、家毁、人亡,都是猜忌所导致的灾难。《诗经》说:"不害人,不贪求,则无往而不利。"因妒生恨而害人,与贪图别人的财利,这正是妾妇与小偷共有的恶习。

10.2 大凡两军共处,如若统将之间有一分不合,到了营官哨官那里就是三分不合了,再到兵丁、役夫,那就是六七分不合了。所以,若要两军同心共济,先从统将有一副平和忠恕之心开始。好名之心,谁又比我弱呢?一同打仗,不能讥笑别人胆怯退缩;同路行军,不能猜疑别人扰民。应当处处严以律己,宽以待人,如此则省去了诸多无谓口舌。

10.3 处事恭谨,待人以恕。恭谨就会小心行事,事无大小,皆不敢疏忽。恕就会凡事给人留有余地,有功不独揽,有过不推诿。经常念及敬与恕这两个字,就可以长期居要职,福运多多。

10.4 湘军所以能够所向无敌,都是倚仗各部之间相互照顾,相互救济。即便平时积有深仇大恨,疆场对敌时依然能相互照顾;哪怕上午刚发生了口角,下午依然相互救援。

(以上四节,为曾文正公语)

【故事链接】

曾国藩与李元度的恩恩怨怨

曾国藩说："祸机之发，莫烈于猜忌，此古今之通病。"怎么解决呢？敬以持躬，恕以待人。敬则小心翼翼，事无巨细，皆不敢忽。恕则凡事留余地以处人，功不独居，过不推诿。

曾国藩与李元度的恩恩怨怨，能够说明曾国藩的"敬以持躬，恕以待人"。

李元度身材矮小，瘦削，待人过分客气、谦逊，偶有口吃，但文笔却"敏捷清挺无俗尘"（胡林翼语）。咸丰三年（1853），曾国藩一番语重心长的长信，打动了李元度。李元度次年赶往衡州（曾国藩无地方实职，不得已从长沙迁至衡阳练兵），从此成为曾国藩的幕僚、挚友。

1854年湘潭靖港一战，是曾国藩湘军的第一战。结果靖港战事中湘军水陆双双完败，战舰损失三分之一，炮械损失四分之一。曾国藩羞愤交加，两次投水自杀。李元度早就知道，以曾国藩的秉性，一旦战事不利，必有不测之事。于是，曾国藩率军临行前，李元度特地安排章寿麟贴身跟随曾国藩。曾国藩欲跳水殉国时，章寿麟毫不犹豫硬是将曾国藩拖了上来。李元度救了曾国藩一命。

曾国藩虽然没死成，心却凉透了——回到长沙俨然成了罪人，从上到下皆是冷嘲热讽。又亏李元度多方劝解，加之三天后，湘军夺取湘潭，给太平军以重创。曾国藩才心思缓解，寻死之心消除。此后，曾国藩以子侄对待李元度（李元度小曾国藩十岁），两人无话不谈。后来，曾国藩提及此事时，说："当靖港败后，宛转护持，入则欢愉相对，出则雪涕鸣愤（李元度当面强颜欢笑安慰曾国藩，出门却为曾国藩一片赤诚无人知而放声痛哭）。"

1854年，曾国藩率军攻克武昌汉口，水陆两军沿江而下，谋取九江。石达开则由安庆进驻湖口，坐镇指挥。石达开将湘军水师一部引诱进入鄱阳湖，截断另一部在长江。湘军水师两下不能相顾，曾国藩辛苦多年创建的水师毁于一旦。曾国藩再次自杀，又是李元度死死拉住曾国藩，再次救起曾国藩。湖口一败，湘军元气大伤，李元度自告奋勇回乡招募乡勇，号称"平江勇"，保护曾国藩安全。多年后，曾国藩依旧念念不忘李元度的雪中送炭。

曾国藩的坦诚，李元度的忠诚和血性，使两人感情日益深厚。可是接下来的发展却出乎两人的意料。李元度是典型的读书人，多有言过其实却不能断事的毛病。曾国藩也认识到，带兵非李元度所长，李元度的长处在于幕僚参谋。只可惜，李元度不这样认为，加之李元度也的确打了几场胜仗，自诩之心越发不可收拾。曾国藩就任两江总督后，因为人手缺乏，加上李元度请战，不得已请旨调李元度任皖南道。李元度上任后，即遇到太平军李世贤数万大军来攻徽州。李元度引兵数千前往徽州。曾国藩对他不放心，怕他求战心切，反复叮嘱李元度。李元度本来就兵少，不说加固防守，反而整天出城欲与优势兵力的敌军决战。结果，徽州一晚时间就被太平军占领。徽州丢失，直接导致曾国藩的祁门大营差点被李秀成端掉，曾国藩光遗书就写了好几次。

按照当时的法律，守城将领丢失城池，最好的出路就是战死，否则不但身败，还得名裂。可是李元度逃了，而且还对战败百般狡辩。

然而，后来的发展更令曾国藩心凉——李元度转身投靠了浙江巡抚王有龄。胡林翼听说后，一气之下不再给他粮饷了，既然你去了浙江，那么粮饷就应有浙江解决。胡林翼为何反应这么大呢？一是王有龄和湘军不是一派，且有旧隙；二是李元度投靠王有龄并未与曾国藩商量（商量了就是正规渠道，曾国藩未必不同意），因而李元度此举无异于是对湘军的背叛，而且动摇了湘军赖以存在的根基。

后来，浙江巡抚王有龄在杭州城破时，自杀殉国。李元度却拣取太平军留下的地盘，谎报战功。曾国藩上折严参李元度，两人关系算是彻底决裂。

李元度也终于心有所悟，回到家乡闭门读书，两年时间完成《国朝先正事略》。也可见，李元度的天赋还是在文事，而不在武功。

1864年（同治三年），湘军攻破南京，李元度听到这个消息后，沉寂了几年的心萌动起来。他给曾国藩写了一封信，一是祝贺曾国藩，二是表述了自己对时局的看法，两人恩怨的过往一字未提。曾国藩接到信后，想起李元度昔日的诸般好处，且同期的人都功成名就，唯独李元度形影相吊。于是，上折为李元度请功。虽然没有成功，但李元度却心如阳春，因为曾国藩认可他了。

曾国藩说处事恭谨，待人以恕，宁可人负我，不可我负人。虽然曾国藩对人一贯如此，但在李元度身上格外发人深省。

【原文】

10.5　军旅之事，以一而成，以二三败。唐代九节度之师，溃于相州①。其时名将如郭子仪、李光弼，亦不能免。盖谋议可资于众人，而决断须归于一将。

10.6　古来将帅不和，事权不一，以众致败者，不止九节度使相州一役。

10.7　为大将之道，以肯救人、固大局为主，不宜炫耀己之长处，尤不宜指摘人之短处。

10.8　兵无论多寡，总以能听号令为上。不奉一将之令，兵多必败；能奉一将之令，兵少必强。

（以上四节，为胡文忠公语）

【注释】

①唐代九节度之师，溃于相州：758年冬，朔方节度使郭子仪、李光弼等九位节度使率军围困邺城（今河南安阳）安庆绪。一直到了来年三月，邺城内早就无粮可吃了，一只老鼠价值几千钱。唐帝国诸君以为，攻克邺城是早晚的事。可当时唐军有一大弊端，即李亨因为搞不定郭子仪、李光弼两位大佬的关系，索性几十万大军竟不设统军元帅，因为没有名正言顺的统帅，结果九位节度使各自为政，进退调度无人可咨，也无人做主。唐军困敌日久不见其功，人心已散，及史思明前来助战安庆绪时，又恰逢天气突变狂风四起，唐军与叛军各自逃逸。唐军一逃就不可收拾，反让史思明杀了个回马枪，夺取了邺城。李亨缺乏大局观，该任命主帅的不任命，不该任命的却来者不拒，这也导致了唐帝国的颓势再难挽回。

【译文】

10.5 军机大事，指挥权统一，方能成功；各自为政、令出多门，则会失败。昔日唐九位节度使合力围困相州，优势之下却因事权不一遭到惨败。当时的名将郭子仪、李光弼，也不能幸免。这是因为，商讨战策可以群策群力，可决定权需要掌握于一人之手。

10.6 从古至今，因为将帅不和，事权不一，以致人多却被人少的一方击败的战例，那可是不止九节度使溃败于相州这一次。

10.7 身为大将，要以肯救援同袍、稳固大局为主，不应该炫耀自己的长处，尤其不应该动辄指摘别人的短处。

10.8 兵士不论多少，总要以服从命令听指挥最为关键。有令不从，兵士再多也会失败；令行禁止，兵士虽少也能以少胜多。

（以上四节，为胡文忠公语）

【故事链接】

没有主帅，唐军惨败安阳

曾国藩说，军旅之事，谋议可资于众人，而决断须归于一将。集思广益可以，但最终决定战略战术实施的，必须只能是一人。曾国藩认为，军队不管多少，不管分为几部，要实现对统一目标的作战，就必须要有统军主帅，统军主帅要有最高决定权。没有说了算的主帅，什么协同作战，什么军纪都是水中月、镜中花。

曾国藩所说唐九位节度使，以优势兵力围困相州（今河南省安阳市），优势之下却遭惨败，就是一次典型的军无主帅，事权不一，以绝对优势兵力却遭惨败的例子。

758年9月，也就是安庆绪杀死自己老爹安禄山的第二年，安庆绪被唐政府军挫败，退回到安阳，虽然还拥有7郡60多城，但力量已大不如以前。唐肃宗李亨也没闲着，趁你病要你命，调集七位节度使、八路人马攻打安阳，同时又命另两节度使率部协助。

唐政府军力20余万，由九位节度使各自节制所部，九位节度使如下：朔方节度使郭子仪、淮西节度使鲁炅、兴平节度使李奂、滑濮节度使许叔冀、镇西北庭节度使李嗣业、郑蔡节度使季广深、河南节度使崔光远、河东节度使李光弼、关内泽潞节度使王思礼，外加平卢董秦所部人马。唐政府军声势浩大。蜷缩在安阳城里的安庆绪有多少兵力呢？7万。而且，安庆绪不理军事政事，只顾饮酒作乐，哦不，他百忙之中还抽空杀了能打硬仗的将领，蔡希德。总之，唐政府联军踌躇满志意在必得，安阳城里的安庆绪的军队却是人心惶惶几欲逃散。

按说，规模这么庞大的军队，必须要设立元帅，以节制各军统一行事。可是唐肃宗李亨没有，为什么呢？因为郭子仪和李光弼，他们俩当时分别还是中书令、侍中，两人都是朝廷柱石，军功赫赫、威望齐名。李亨大概觉得，两人之中，让谁节制谁都不好，反而闹了意气，都是久经沙场的老将，有什么问题自会协调。再说，这么多人就是吐口唾沫也能把安庆绪淹死了，有没有主帅并不打紧。偏偏就是这份侥幸加糊涂，几乎断送了20万人马。

起初，唐政府联军进展得还有模有样，郭子仪佯败，诱敌来攻，然后杀了个回马枪，生擒安庆绪的弟弟安庆和。安庆绪军队溃败，郭子仪趁机掩杀，一路追击到安阳。许叔冀、董秦、王思礼等也陆续到达，在安阳城西再次杀败安庆绪。安庆绪先后损失3万余人后，退守安阳。

安庆绪怂了，打是打不过人家了，看看城外黑压压铺天盖地的敌军，守也守不住呀。就向范阳（今北京）的史思明求救，应允以大燕（安禄山反唐建立燕）皇帝之位相赠。史思明出动13万兵马南下。

唐政府联军开始围城。为了彻底断绝安阳城内的人逃亡，光是壕沟就挖了三道，围城的唐军例外布置了双层营垒，把安阳城围困得密不透风。为了进一步打击安庆绪军队的士气，唐政府联军截断漳河，使漳河水倒灌安阳城内，城里的进口都向外冒水，军民都得搭起木架子睡觉。一直到次年二月，半年的围困，安阳城内早已无粮可食，一只老鼠都价值4千钱。城内不少人想投降，但大水给挡住了，出不来。

唐政府联军已增加到60余万，纷纷以为，安阳城破是铁定的了，只是时间早晚的事。只看到人家危在旦夕，没看到自己已然暗流涌动。唐政府联军没有统帅，各军进退调动都无人协调，一旦遇到突发情况，既无从请示，也没有集体决议的通道，加上围困了半年，也不见安庆绪投降，早已上下离心，军心涣散了。

就在这时，史思明亲率大军直扑安阳。唐政府联军备受骚扰，有的粮食短缺。三月六日，双方决战开始，刚开始还互有伤亡。接着鲁炅受伤，溃逃，直接冲散了在他身后的郭子仪部。郭子仪还没有来得及稳住，突然起了一阵大风，风沙遮天蔽日伸手不见五指。双方军队均是溃逃，唐军向南逃亡，史思明向北逃亡。

唐军是纷纷如无头苍

蝇，各逃各的，唯恐落在人后。史思明军却是有主帅的，史思明跑着跑着，探听到唐军是真的逃了，而且一发不可收拾。他立即集结军队，掉头重新杀回安阳。

唐政府集结高达60万人，大有一副一举粉碎安庆绪的气势。却想不到最终便宜了史思明。60万人马，竟然不设统帅，古往今来大概也只有这一例吧。

【原文】

蔡按：古人相处，有愤争公庭而言欢私室，有交哄于平昔而救助于疆场，盖不以公而废私，复不以私而害公也。人心之不同如其面，万难强之使同，驱之相合，则睚眦之怨，芥蒂之隙，自所难免。惟于公私之界分得清，认得明，使之划然两途，不相混扰，则善矣。发捻之役①，中日之役②，中法之役③，列将因争意气而致败绩者，不一而足。故老相传，言之凿凿。从前握兵符者，多起自行间，罔知大体，动以意气行事，无怪其然。今后一有战役，用兵必在数十万以上，三十余镇之师。情谊夙不相孚④，言语亦多隔阂，统驭调度之难盖可想见。苟非共矢忠诚，无猜无贰，或难免不蹈既往之覆辙。欲求和衷共济，则惟有恪遵先哲遗言，自统将先办一副平恕之心始。功不独居，过不推诿，乃可以言破敌。

【注释】

①发捻之役：即剿灭太平军与捻军的战事。

②中日之役：指1894年日本侵华的甲午海战。

③中法之役：1883—1885年在南中国海发生的法军侵华战争。

④相孚：相符。

【译文】

蔡锷按：古人相处，有因为公事意见不一而激愤争论，却能够保持私下个人情谊友好的；有平素争斗不已，却能于疆场危险之际相互救援的。这是因为他们深知，既不能因公事废私谊，也不能因私情而害公义啊。人心不同，如人面各异，无法勉强心思相通，心意相和，所以睚眦之怨，芥蒂之隙，那是难以避免的。只有能够分清公私的界限，见事透彻，把公与私截然分开，不使它们相互混扰，这就可以了。在剿灭太平军与捻军的历次战事中，在中日战争、中法战争中，各将领因意气之争而导致军事失败的，不一而足。先前的老辈人都是这么说的，毋庸置疑。从前掌握军权的将帅，都来自行伍，不晓大体，动辄意气行事，难怪会失败。今后一旦有战事，投入兵力必在数十万以

上，计三十余镇的兵力。（驾驭这么多军队）本就没有什么情谊，言语隔阂也必不少，指挥调度的难度可想而知。如果不抱着忠诚的志向，不猜忌，不诿过，或许难免重蹈覆辙。欲要同心共济，那就只有严格遵守先哲的遗言，从统将先有一副平和忠恕之心开始。有功不独揽，有过不推诿，这样做了才能谈什么战胜敌人。

第十一章 兵机

【导读】

本章所论及的兵机，并非单指用兵的战术机谋或机要，兼指战略大局"势"的明断，即谓格局。《孙子兵法》说："进不求名，退不避罪，唯民是保，而利于主，国之宝也。"取胜为打仗的至高目标，战前的筹划准备，出击的时机选择，都要围绕取胜来取舍。

太平军急攻湖北时，湖广总督吴文镕顶不住咸丰压力，不听曾国藩"守城勿出"的战事对策，贸然出城抗敌，其以身殉国乃忠贞之举，而其出兵致使武昌沦陷，又令人叹息其大势格局稍有狭隘。曾国藩近十年的戎马生涯中，数次违抗朝廷旨意，或因准备不充分毅然不行驱羊攻虎、自取败亡之道，或因为扼守战略要地而不做他顾。

"今若为专保省会之计，不过数千兵勇，即可坚守无虞。若为保卫全楚之计，必须多备炮船，乃能堵剿兼施。"曾国藩认为，一城一地得失，无关紧要，为将者不能以此为至工，应当以给予敌军有生力量之最大打击为最高原则。胡林翼也认为："用兵之道，全军为上策，得土地次之；破敌为上策，得城池次之。"同时，于己方而言，必得准备充分方能出击，万不可逞一时意气，其大势格局可见一斑。

至于己方的准备，曾国藩认为有五点最为重要，一是士气旺盛而不骄慢。士气不盛，无以交战；士气盛却骄，则必然陷入骄兵必败的局面。胡林翼也说："不轻敌而慎思，不怯战而稳打。"二是武器军械优良充备。空有斗志，而无精良武器装备，则如矮人看戏。三是尽量集中优势兵力歼敌。胡林翼也秉持"兵分则力单""先期合力，必求其厚"的用兵原则。四是临阵布置。悬军深入而无后继，这是用兵大忌。

胡林翼则说："先安排以待敌之求战，然后起而应之，乃必胜之道。"五是延揽储备人才。若没有大量可用人才，势必陷入"势穷力弱"的大忌。

【原文】

11.1　前此为赴鄂救援之行①，不妨仓卒成军。近日为东下讨贼之计②，必须简练慎出。若不教之卒③、窳败之械④，则何地无之？而必远求之湖南？等于辽东自诩之豕⑤，仍同灞上儿戏之军⑥。故此行不可不精选，不可不久练。

11.2　兵者，阴事也。哀戚之意，如临亲丧；肃敬之心，如承大祭，故军中不宜有欢悦之象。有欢悦之象者，无论或为和悦，或为骄盈，终归于败而已。田单之在即墨⑦，将军有必死之心，士卒无生还之气，此其所以破燕也。及其攻狄也，黄金横带，有生之乐，无死之心，鲁仲连策其必

不胜⑧。兵事之宜惨戚，不宜欢欣⑨，亦明矣。

11.3　此次由楚省招兵东下，必须选百炼之卒，备精坚之械，舟师则船炮并富，陆路则将卒并愤，作三年不归之想，为百战艰难之行。岂可儿戏成军，仓卒成行？人尽乌合，器多苦窳，船不满二百，炮不满五百，如大海籨豆，黑子著面⑩，纵能速达皖省，究竟于事何补？是以鄙见总须战舰二百号，又补以民船七八百，载大小炮千余位。水军四千，陆军六千，夹江而下，明年成行，始略成气候。否则名为大兴义旅，实等矮人观场⑪，不直方家一哂⑫。

11.4　夫战，勇气也。再而衰，三而竭。国藩于此数语，常常体念。大约用兵无他巧妙，常存有余不尽之气而已。孙仲谋之攻合肥⑬，受创于张辽；诸葛武侯之攻陈仓⑭，受创于郝昭。皆初气过锐，渐就衰竭之故。惟荀罃之拔偪阳⑮，气已竭而复振；陆抗之拔西陵⑯，预料城之不能遽下，而蓄养锐气，先备外援，以待内之自毙。此善用气者也。

11.5　日中则昃⑰，月盈则亏，故古诗"花未全开月未圆"之句⑱，君子以为知道。故余治兵以来，每介疑胜疑败之际，战兢恐惧，上下惊惧者，其后常得大胜。当志得意满之候，各路云集，狃⑲于屡胜，将卒矜慢，其后常有意外之失。

11.6　国家之强，以得人为强，所谓"无竞惟人"⑳也。若不得其人，则羽毛未丰，亦似难以高飞。昔在宣宗皇帝㉑，亦尝切齿发愤，屡悔和议，而主战守，卒以无良将帅，不获大雪国耻。今欲罢和主战，亦必得三数引重致远、折冲御侮㉒之人以拟之。若仅区区楚材，目下知名之数人，则干将莫邪，恐未必不终刓㉓折。且聚数太少，亦不足以分布海隅。用兵之道，最忌"势穷力弱"四字。"力"则指将士之精力言之，"势"则指大局大计，及粮饷之接续、人才之继否言之。能战，虽失算亦胜；不能战，虽胜算亦败。

11.7 悬军深入而无后继，是用兵大忌。

11.8 危急之际，尤以全军保全士气为主。孤军无助，粮饷不继，奔走疲惫，皆散乱必败之道。

（以上八节，为曾文正公语）

【注释】

①赴鄂救援之行：咸丰三年六月十八日（1853年7月23日），曾国藩亦遣知州朱荪诒率湘勇一千二百人自长沙援江西、训导罗泽南，编修郭嵩焘等率军数千驰援。七月二十四日，西征军攻湘军罗泽南、朱荪诒、郭嵩焘等于南昌附近。后杨秀清以西征军攻南昌三月不下，命撤围北上，八月二十七日占九江。后西征军分兵两路：一路由石祥祯、韦俊率领，沿江西上攻入湖北；另一路由胡以晃、曾天养率领自安庆进攻皖北。

②东下讨贼之计：1853年（咸丰三年）12月，太平军攻破庐州（合肥），江忠源战死。太平军溯江而上，湖北危急。清廷急令曾国藩驰兵救援。曾国藩以炮舰未至，水师未强为由请求暂缓出兵。当时实情，曾国藩粮饷、兵力都已捉襟见肘，且所订购火炮确实还没有到。曾国藩所说的"计"就是，建立强大水师与太平军对抗，解救湖北也不能着眼于武昌一城，而应以立足于湖北一省来解决问题。

③不教之卒：没有训练好的兵士。太平军之强，多依赖水师力量，曾国藩深知这一点。所以，他购买火炮，督造战船，训练水军。清廷

急令他驰援武昌时，火炮未有，战船未竟，训练未成，仓促出兵就无异把兵士置于死地。故说，不教之卒。孔子所说："以不教民战，是谓弃之。"即是此意。时湖广总督吴文镕是曾国藩的座师，极亲密之人。吴文镕被逼出城抗敌，死于黄州。曾国藩受到的压力与舆论甚是巨大。可是，曾国藩暂缓救援的做法，一则挽救湘军于灭顶之灾，二则湘军水师得以建立，最终克敌，水师功劳甚大。

④窳（yǔ）败之械：陈旧、破败的军械。此指湘军的舰船、火炮均落后于太平军，不足与之一战。

⑤辽东自诩之豕：见识短浅，少见多怪。语出《后汉书·朱浮传》："往时辽东有豕，生子白头，异而献之，行至河东，见群豕皆白，怀惭而还。"当时朱浮官拜大将军幽州牧，他性急而又狭隘。渔阳太守彭宠受其辖制，却不听他的命令，朱浮便上奏朝廷，以不实言语攻击彭宠。彭宠怒而发兵攻打朱浮，朱浮给彭宠写了一封信，信中言及辽东之豕的典故，说彭宠自以为高明，其实你彭宠的那点功劳如果拿出来摆一摆的话，也不过就是辽东的白猪罢了。结果令

彭宠更生气，攻打更猛烈。

⑥灞上儿戏之军：前158年（汉文帝二十二年）匈奴犯境，文帝调三路大军拱卫京师，以宗正刘礼为将军驻扎灞上，以祝兹侯徐厉为将军驻扎棘门，以河内郡守周亚夫为将军驻扎细柳。文帝劳军时，灞上、棘门两处驻军毫无防备，而唯有周亚夫的细柳营戒备森严。文帝从细柳营出来后，对通行的大臣说，灞上、棘门两处驻军，简直儿戏。而周亚夫所治细柳营，无人敢来侵犯。

⑦田单之在即墨：前314年，燕国发生内乱，燕王哙昏庸，相国子之发动叛乱夺权。燕国内战持续数月不止，齐宣王趁机发动对燕国的入侵，占领燕国都城蓟城，斩杀子之和燕王哙，欲行灭燕之事。可是，齐国在燕国杀人、夺财，倒行逆施，且齐国的强大引起了秦国的仇视。恰逢燕昭王上位奋发图强，前284年，燕国大将乐毅率五国大军反攻齐国，占领齐国都城临淄，攻下齐国七十多城，齐国仅留下莒县和即墨两城在苦苦支撑。田单就在即墨，他与军民同甘共苦，深得人心，反间计逼走乐毅，火牛阵大破燕军，趁机尽收齐国失地。

⑧鲁仲连策其必不胜：《战国策·齐策》：田单将攻狄，往见鲁仲子。仲子曰："将军攻狄，不能下也。"田单忿忿离去，后来果然久攻不下。田单再问鲁仲连，鲁仲连说他："有生之乐，无死之心，所以不胜者也。"田单听了鲁仲连的话，他就站在弓箭和雷石都能打到的地方，击鼓攻击，狄人这才投降。《韩非子》记载赵简子攻卫，与此极为类似：赵简子躲在安全地方击鼓，晋国兵卒并不卖力。后来他听了烛过的话，把保护自己的盾牌都扔掉，把战鼓移到卫国射箭射击的范围

之内，继续击鼓，顷刻大胜。

⑨兵事之宜惨戚，不宜欢欣：《老子》："用兵有言：'吾不敢为主而为客；不敢进寸而退尺。'是谓行无行；攘无臂；扔无敌；执无兵。祸莫大于轻敌，轻敌几丧吾宝。故抗兵相若，哀者胜矣。"老子认为，凡事"不为天下先"是一宝。不为天下先，揣度其意，大约类似《易》之所说"潜龙勿用"。老子认为，两军力量相若，则悲壮、悲愤的一方会获胜。曾国藩此语，即是此意。推而言之，文恬武嬉本也为儒家所排斥。

⑩黑子著面：脸上的黑痣，喻指封国因所占地盘狭小而力量弱小。语出《汉书·贾谊传》："而淮阳之比大诸侯，廑如黑子之著面，适足以饵大国耳，不足以有所禁御。"汉文帝立皇子刘武为淮阳王，刘参为代王，刘胜为梁王。刘胜死后，贾谊上书文帝，说诸侯封国强大，而文帝的两个儿子的封国却不妙，代国面对匈奴能自保就不错了，而淮阳国地盘太小，与诸侯大国相比就像脸上的黑痣。一旦诸侯国反抗中央，文帝需要仰仗自己的两个儿子的力量来牵制，可是代王太偏，淮阳王太弱，均不能有所作为。于是文帝调淮阳王刘武为梁王，为其封国增加大县四十多个。事实证明，七国之乱时，梁王刘武立下很大功劳。

⑪矮人观场：人云亦云，没有主见。也喻指见识鄙陋。语出《朱子语类》卷二七："正如矮人看戏一般，见前面人笑，他也笑。他虽眼不曾见，想必是好笑，便随他笑。"

⑫方家一哂（shěn）：即贻笑大方。方家，即大方之家，原指懂得

大道理的人，后泛指行家、专家。哂，讥笑。《庄子·秋水》："今我睹子之难穷也，吾非至于子之门，则殆矣。吾长见笑于大方之家。"

⑬孙仲谋之攻合肥：孙权前后六次攻打合肥，此为第二次。《三国志》载：214年，曹操南征孙权不成，留下张辽、李典、乐进及7千守军防守淮南前沿——合肥。次年，曹操出兵汉中征讨张鲁，孙权趁机集军10万再攻合肥。以10万对7千，孙权还是踌躇满志的。张辽挑选精兵800人，几次杀进杀出于吴军军中，吴军损兵折将士气顿失。围困合肥十余日不下，孙权引兵撤去。张辽再度出城追击，竟然把孙权围困。后吴军拼死奋战，孙权才得以解脱。

⑭诸葛武侯之攻陈仓：229年初，诸葛亮带兵数万二次出兵伐魏，魏将郝昭仅以千余守军与其对抗。诸葛亮无果而返。据《资治通鉴》载：其间，诸葛亮先是派人劝降，继以云梯攻城、高台射箭，最后又企图从地道入城，皆遭到郝昭顽强抵抗。蜀军军粮供应尤其困难，诸葛亮后因粮尽退兵。郝昭被封关内侯。

⑮荀䓨之拔偪（bī）阳：前564年，荀䓨已是晋国执政大夫。《春秋左传》载：晋悼公与楚国争霸，先收服郑国（楚国的传统盟国），次年又再次聚会诸侯。这个时候，晋国中军佐士匄与上军将荀偃想灭掉偪阳，以此为礼送与宋国（晋国的盟国），从而给会盟增添点亮色。荀䓨起初不同意，因为偪阳城虽小却很坚固，大张旗鼓去打这么个小地方，万一拿不下来，那就是烧香引出鬼来了，得不偿失。但是士匄与荀偃态度很坚决，荀䓨也就答应了。后来，果然久攻不下。士匄与荀偃先前的决心也没了，反而对荀䓨说："眼看雨季就要来了，不如咱们回去

吧。"荀䓨大怒，要么不打，要么拿下，正在与楚国争霸的关口，对一个小小的偪阳都征而无果，那晋国威严何在呢？于是他给二人下了死命令："七天。要么拿下偪阳，要么我拿下你们俩的人头。"结果，仅仅4天，二人就把偪阳攻克了。

⑯陆抗之拔西陵：《三国志》载：272年8月，东吴昭武将军、西陵督步阐投晋。陆抗带兵围困西陵，晋武帝遣车骑将军羊祜驰援步阐。陆抗围困西陵后，不立即进攻，却命将士全力修筑围墙，日夜不息军士甚苦。纷纷议论："我军士气方盛，为何不投入攻城，却累死累活修筑围墙呢？"陆抗认为，西陵城固粮多，无法短时间攻克，且晋军已经前来，攻克西陵不下，必然腹背受敌。众将不服，雷谭率军攻城，果然无果。吴军围墙顺利修筑完毕。羊祜5万大军也到了。陆抗先是驱赶晋军，其后才收复西陵。

⑰昃：太阳西斜。

⑱花未全开月未圆：蔡襄《十三日吉祥探花》："花未全开月未圆，寻花待月思依然。明知花月无情物，若使多情更可怜。"

⑲狃（niǔ）：习惯，习以为常。

⑳无竞惟人：国家强大是因为有贤人。无，发语词，无实意。竞，强。惟，以，由于。语出《诗经·大雅·抑》："无竞维人，四方其训之。有觉德行，四国顺之。"

㉑宣宗皇帝：即道光皇帝，庙号宣宗。

㉒折冲御侮：抗击敌人。折，是敌人战车后退。冲，战车。

㉓刓（wán）：刓，本义为削去棱角，引申为磨损。

【译文】

11.1　此前为了急赴湖北救援，自然难免仓促成军。近日为东下讨伐逆贼打算，就必须要简练军队，不能仓促出兵了。若论不经过训练的兵士、破旧衰败的军械，什么地方没有呢？何必要远到湖南来求助呢？这等于是辽东的白猪，灞上儿戏之军。所以，此次行动所需军队不可不精挑细选，不可不训练有素。

11.2　用兵的筹划计谋，是秘而不宣的事情。哀伤的神色，就如同参加亲人的丧礼；肃然庄敬的心意，就如同举行重大祭礼。所以军中不宜有欢欣的气象。欢欣的气象，无论是喜悦，还是骄傲，终归只会带来失败罢了。田单在即墨起兵反击燕军，他自己有必死的决心，兵士有不求生还的气概，正因如此才能击破燕军。可是，等到田单攻打狄地的时候，重衣着，贪欢乐，无敢死之心，鲁仲连料定他必不能取

胜。(后，果然如此)。由此可见，军营之中应当以悲壮为基调，而不可以欢欣为基调，这是非常明显的了。

11.3 这次由湖南招兵东下，必须要选拔久经锻炼的精兵，配备精良坚固的战备器械，水师要船炮充足，陆军要同仇敌忾，要做好三年不回的打算，这是一次艰苦卓绝的行军。(如此重要的军事行动)岂能儿戏成军，仓促成行？若兵为乌合之众，枪械为破铜烂铁，战船不过两百，火炮不过五百，(就贸然出兵)这无异于一粟之于沧海，黑痣之于满面，纵然可以快速到达安徽，又于事何补呢？所以，我的看法是，战舰需要有两百艘，并且以民船七八百艘辅助，舰载火炮要达到一千多门。水师要达到四千人，陆军要达到六千人，夹江而下，且需明年出兵，才能略见功效。否则，名义上号称大兴义师，其实就是矮人看戏，贻笑大方。

11.4 打仗这件事，凭的是勇气。勇气，有"一鼓作气，再而衰，三而竭"的说法。我对这几句话，常常揣摩于心。大概用兵之道的确没有什么诀窍，保持士气不散就是了。当年孙权攻击合肥，被张辽挫败；诸葛武侯进攻陈仓，被郝昭挫败。这都是因为他们开始时士气旺盛，(战事进展不顺)后来他们的士气就慢慢枯竭了的原因。只有像荀䓨夺取偪阳那样，士气受挫却能重新振奋；像陆抗夺取西陵那样，早已预料夺取西陵非顷刻之间，于是蓄养锐气，先提防西陵的外援，以等待敌人内部出现不利于他们自己的变化。这才是善于利用士气作战的将领。

11.5 正午之后太阳就会西斜，月圆之后就会亏缺，所以古诗有"花未全开月未圆"这样的句子，君子以之为理解了天道。所以我自治兵以来，每当胜败难料之际，我自己战战兢兢如履薄冰，全军上下也惊惧不安的时候，过后却常常取得大胜。每当志得意满，各路军马聚集，习惯了胜仗，将士自负傲慢，接下来却常常有意料之外的败仗。

11.6　国家是否强大，要看其是否能够得人，这就是所说的国家是因为有贤人才强大。国无贤人，犹如鸟之无羽，难以高飞。宣宗皇帝当年也曾想发奋图强，屡屡懊悔与列强的和约，而与列强决战于军事，可终于因为没有堪用的将帅，难以大雪国耻。今天要罢和主战，也必须要有几个本领卓绝、抗击敌人的将帅。若仅仅依靠小小湖南一省之内的几个名人，就算他们有干将莫邪之能，可最终也会消耗殆尽的啊。况且，良将贤才太少的话，又怎么能够分派各地呢？用兵之道，最为忌讳"势穷力弱"这四个字。"力"就是将士的精力，"势"是就大局大计，以及粮饷供给是否充足、人才储备是否充分来说的。兵精粮足、士气高昂，即便偶有失算也终能获胜；兵失粮缺、士气低落，即便处处胜算也终将失败。

11.7　孤军深入而没有后援，这是用兵的大忌。

11.8　危急关头，更要保全全军的士气。孤军无援，粮饷不继，疲于奔命，这都是必败之道。

（以上八节，为曾文正公语）

【故事链接】

曾国藩与沈葆桢

曾国藩说："国家之强，以得人为强……用兵之道，最忌'势穷力弱'四字。'力'则指将士之精力言之，'势'则指大局大计，及粮饷之接续、人才之继否言之。"正是曾国藩对治国、治兵均需要人才的重视，从咸丰三年至同治三年短短十一年的时间里，经过他举荐的人当中，有二十六人成为了督抚、尚书，有五十二人成为三品以上官员，道员、知府、知州、县令，更是数不胜数，竟至湘系"文武错落半天下"。

沈葆桢就是经曾国藩极力举荐而一跃成为封疆大吏，江西巡抚的。沈葆桢素有名望，他是前两广总督林则徐的外甥、女婿。沈葆桢在江西广信知府任上时，太平军已两次侵袭江西，江西全境仅存南昌、饶州、广信、赣州、南安五个府县，其余八府五十多县皆被太平军占领，江西局势岌岌可危。1856年，太平军将领杨辅清率万余人一路破城夺寨，直扑广信。广信城仅有四百余名防守兵力。形势危急，沈葆桢却让远在福建的妻子前来广信，欲夫妇与广信城同存亡。杨辅清率军杀到广信的时候，沈葆桢不在城中。沈葆桢的妻子有将门虎女风范，指挥城中军民齐心抗敌。次日沈葆桢赶回广信，会同前来增援的饶廷选采取攻其不备、袭扰辎重的战术，七战七捷，以少胜多击退杨辅清。此一战，沈葆桢名扬华夏。经曾国藩保荐，担任知府仅仅一年零一个月的沈葆桢，第二年就升任广饶九南道。

沈葆桢在道台任上的作为，也证明了曾国藩的眼光。沈葆桢行事，颇有秦汉及先秦循吏之风，自身廉洁，好刑酷杀。清朝律法规定，对死刑犯的处决，需要一系列的司法流程，地方官不能随便实行死刑。沈葆桢不管这一套，他传令下辖各县，凡是罪大恶极之人，就地处决，无须上报。依照现在的眼光看，显然是缺乏法律精神，冤死者当不在个别。但当时的广信民众对这个不贪财、能办事的父母官热爱到了疯狂的地步，听说朝廷要将沈葆桢道台治所从广信迁至九江时，甚至到了读书人罢考，商家罢市来阻止沈葆桢这位青天离开。

有得有失，沈葆桢民声颇佳的同时，在官场上却进入了死胡同。他与上司不和，索性于1859年打了辞职报告。这让官场大跌眼镜，正当盛名滔滔之时，且又是三十九岁年富力强之时，竟然挂冠而去。曾国藩当时仅为二品兵部侍郎衔的地方军首领，虽有挽留之心，却无挽留之力。1860年，曾国藩出任两江总督后，即刻请旨沈葆桢前来安庆协办军务。第二年，又保举沈葆桢出任江西巡抚。沈葆桢以前最高官阶为正三品道台，而巡抚往往都是加兵部侍

郎衔的，也就是正二品，且是封疆大吏。《清史稿》论及此事时，亦说"超擢（颇规格越级提升）"。一同保举的还有，三品太常寺卿左宗棠出任浙江巡抚，四品道员李鸿章署理江苏巡抚。

然而，沈葆桢就任江西巡抚之日，却也是与曾国藩交恶之始。曾国藩保举沈葆桢，当然是出于公义，但也有私意在其中，不过这份私意也可以理解，那就是为湘军解决粮饷。朝廷早就无力承担湘军粮饷了，湘军粮饷全靠自筹，但实在难以为继，很长时间都是只能发三四成军饷，即便这样，还是动辄欠饷长达数月。沈葆桢到江西第一件事却是编练军队，最后扩展至五千人。曾国藩给他写信表明自己的意思，沈葆桢却置之不理。

这且不算，沈葆桢就任江西巡抚不到一年，即行发文曾国藩，直截了当：以后每月由江西供给的漕银不给了，理由是江西本省也有军队，也需要钱。曾国藩没想到是这么个结果，湘军实在缺粮饷缺得厉害呀，不得已按下火气和沈葆桢商量，一家一半如何？沈葆桢索性不予回答。

曾国藩还没顺过气来，又接到了沈葆桢的通知，每月供应湘军的九江关税（1862年九江开埠）以后也没了，曾国藩本来就捉襟见肘的军费，每月又少了三万两。甚至，已经解到曾国藩大营的，也必须要原封不动运回江西。要知道曾国藩可是两江总督，节制江南军务，又是在战争年代，江西和沈葆桢这个江西巡抚是归曾国藩管的。可是曾国藩又忍下了，把银子退回了沈葆桢。曾国藩私下向左宗棠抱怨说"初不省其开罪之由"，他想不明白什么地方得罪了沈葆桢。

可是还没等曾国藩牢骚几句，沈葆桢的行文又来了，江西每月供应湘军的厘金也没了，就是说曾国藩的军费又减少了十多万两。这次曾国藩不干了，因为没法干了呀，曾国藩统率的湘军十几万，全指望江南三省供应，江苏大部为太平军控制，上海还得养活李鸿章的淮军，安徽也不可指望，粮饷自然要倚重江西。如今江西来了这么一出，还怎么干呢？曾国藩上折抨击沈葆桢"专尚客气，不顾情理，令人难堪"，什么意思呢，就是说沈葆桢只顾意气而无大局观念，湘军与太平军决战前夕，竟然三番两次减少对湘军的粮饷供给，将会动摇围困南京的局面。

朝廷各打五十大板，厘金江西和曾国藩湘军一家一半。沈葆桢被迫辞职，与曾国藩彻底断交。

从私人关系上讲，曾国藩举荐沈葆桢，有点农夫碰到了蛇的味道。也有人说沈葆桢善于钻营，且不管沈葆桢的私意如何，但沈葆桢的行为于公义而言，还是很有作为的。从这一点上来说，曾国藩举荐沈葆桢，眼光并无问题。其后，无论是接任左宗棠任福建船政大臣，主办福州船政局；还是担任钦差赴台办理海防，兼理各国事务大臣，筹划海防事宜；再或是1874年赴台抗击日本侵略，沈葆桢的作为都可圈可点。尤其是在担任福建船政大臣时，派遣优秀学员出国留学，这于中国而言更是积攒了人才。

其实，在曾国藩所举荐的人当中，后来与曾国藩不睦，或是面和心不和之人不止沈葆桢一人，曾国藩保举沈葆桢的同时，另外保举的左宗棠，后来也与曾国藩公开决裂、政见不一。但于当时的中国而言，曾国藩保举二人，依然是保举对了，二人不仅仅在剿灭太平军中立下战功，对近代中国都产生了很大的影响。

【原文】

11.9 有不可战之将，无不可战之兵。有可胜不可败①之将，无必胜必不胜之兵。

11.10 古人行师，先审己之强弱，不问敌之强弱②。

11.11 兵事决于临机，而地势审于平日，非寻常张皇幽渺③可比。

11.12 军事有先一著而胜者，如险要之地，先发一军据之，此必胜之道也。有最后一著而胜者，待敌有变，乃起而应之，此必胜之道也。至于探报路径，则须先期妥实办理。兵事之妙，古今以来，莫妙于拊其背、冲其腰、抄其尾，惟须审明地势、敌情。

11.13 先安排以待敌之求战，然后起而应之，乃必胜之道。盖敌求战，而我以静制动，以逸待劳，以整御散，必胜之道也。此意不可拘执，未必全无可采。

11.14 临阵之际，须以万人并力，有前有后，有防抄袭之兵，有按纳不动以应变之兵，乃是胜著。如派某人守后，不应期而进，便是违令；应期而不进，便是怯战。此则必须号令严明者也。徇他人之意，以前为美，以后为非，必不妥矣。

11.15 夹击原是上策，但可密计而不可宣露，须并力而不宜单弱。须谋定后战，相机而行，而不可或先或后。

11.16 不轻敌而慎思，不怯战而稳打。

11.17　兵分则力单，穷进则气散，大胜则变成大挫，非知兵者也，不可不慎。敬则胜，整则胜，和则胜。三胜之机，决于是矣。

11.18　我军出战，须层层布置，列阵纵横，以整攻散，以锐蹈瑕④，以后劲而防抄袭。临阵切戒散队，得胜尤忌贪财。

11.19　熟审地势、敌情，妥谋分击之举。或伺敌之缺点，蹈瑕而入；或趋敌之重处，并力而前；皆在相机斟酌。惟临阵切忌散队，切戒贪财。得胜之时，尤宜整饬队伍，多求痛杀。

11.20　军务只应以一处合围以致敌，其余尽作战兵、援兵、兜剿之兵。若处处合围，则兵力皆为坚城所牵缀。屯兵坚城之下，则情见势绌⑤。

11.21　用兵之道，全军为上策，得土地次之；破敌为上策，得城池次之。古人必四路无敌⑥，然后围城，兵法所谓"十则围之"⑦之

义也。

11.22　兵事有须先一著者，如险要之地，以兵据之，先发制人，此为扼吭⑨之计，必胜之道也。有须后一著者，愈持久愈神妙，愈老到愈坚定，待敌变计，乃起而乘之，此可为奇兵为拊其背，必胜之道也。

11.23　一年不得一城，只要大局无碍，并不为过；一月而得数城，敌来转不能战，则不可为功。

11.24　军队分起⑩行走，相隔二日，每起二千人。若前队遇敌先战，非必胜之道也。应于近敌之处饬前茅，后劲、中权会齐并力⑩，乃可大胜。

11.25　临阵分枝，不嫌其散；先期合力，必求其厚。

11.26　荀悦之论兵也⑪，曰："权不可豫设，变不可先图。与时迁移，随物变化。"诚为用兵之至要。

11.27　战阵之事，恃强者是败机，敬戒者是胜机。

11.28　军旅之事，谨慎为先。战阵之事，讲习为上。盖兵机至精，非虚心求教不能领会，矧可⑫是己而非人。兵机至活，非随时谨密，不能防人，矧可粗心而大意。

11.29　侦探须确、须勤、须速。博访以资众论，沉思以审敌情。敌如不分枝，我军必从其入境之处，并力迎剿；敌如分枝，则我军必于敌多之处专剿。

（以上二十一节，为胡文忠公语）

【注释】

①可胜不可败：可被战胜或不可被战胜，照顾后文语序，译为战

胜或战败。《孙子兵法·地形篇》："昔之善战者，先为不可胜，以待敌之可胜。不可胜在己，可胜在敌。"

②"古人行师"及以下两句：《孙子兵法·地形篇》："故善战者，能为不可胜，不能使敌之必可胜。"善战的将领，都是发挥己方的优势，补缺己方的短漏，从而立于不败之地，而不是立足于必然战胜敌方。

③张皇幽眇：阐发儒家学问思想的精深微妙之处。皇，大。幽，深。眇，细微，细小。语出韩愈《进学解》："觝排异端，攘斥佛老。补苴罅漏，张皇幽眇。"韩愈的本意是，在儒家经典中寻找驳斥佛老的根据。曾国藩此处反用之，意为作战的将领不实际考察地形。

④蹈瑕：利用过失。蹈，利用。瑕，本意与之斑点，引申为空虚、空子。

⑤情见（xiàn）势绌：军情为敌所掌握，形势也处于不利。情，军情实际情况。见，通"现"，暴露。势，形势。绌，差。语出《史记·淮阴侯列传》："今将军欲举倦弊之兵，顿之燕坚城之下，欲战恐久，力不能拔，情见势屈，旷日粮竭，而弱燕不服，齐必距境以自强也。"

⑥四路无敌：前后进退自如，左右无敌军阻拦。四路，指军队进、退、左、右的运动路线。《孙膑兵法·善者》："故兵有四路、五动：进，路也；退，路也；左，路也；右，路也。"

⑦十则围之：己方兵力为敌方十倍，就可以实施围歼战了。语出《孙子兵法·谋攻篇》："故用兵之法，十则围之，五则攻之，倍则分

之，敌则能战之，少则能逃之，不若则能避之。"

⑧扼吭（háng）：掐住喉咙，喻指控制要害部位。吭，喉咙。

⑨分起：分批。起，量词。

⑩前茅、后劲、中权：前茅，前锋。后劲，殿后的精兵。中权，中军，古时主帅居中军发号施令。

⑪荀悦及其所言句：荀悦（148—209），字仲豫，颍川颍阴（今河南许昌）人。东汉史学家、政论家，思想家。其所言见于《资治通鉴·汉纪二》："权不可豫设，变不可先图。与时迁移，应物变化，设策之机也。"荀悦认为，立策决胜之术，有形、势、情三个要素。形就是大体得失之数，势就是其临时之宜、进退之机；情就是心志是否坚实。同样的局面，形、势、情三者有一不同，结果就会不同。所以他说："权不可预设，变不可先图。与时迁移，随物变化。"意思是，权宜机变是无法做到预先设计完善的，事态的变化是不能够事先谋划妥当的。应事之法，应当随时机的变化而变化，随事物的变化而变化。

⑫矧（shěn）可：岂可。矧，况且，何况。

【译文】

11.9 只有无能的将领，而没有无能的兵士。只有战胜或战败的将领，而没有必胜或必败的兵士。

11.10 古代名将行军打仗，都是先审度己方的优势与劣势，而不是把精力放在（研究）敌方的优势与劣势上。

11.11 军事的应对取决于所面临战情局势的变化，而对战场山川地形却需要早有审度，绝非纸上谈兵那么简单。

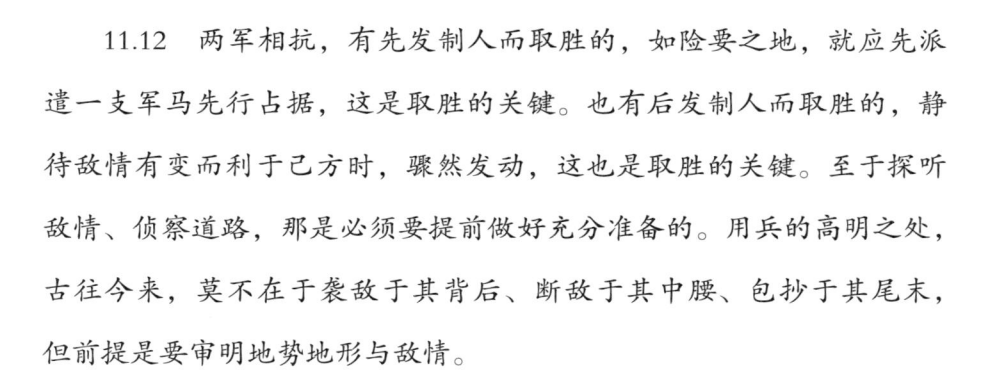

11.12　两军相抗，有先发制人而取胜的，如险要之地，就应先派遣一支军马先行占据，这是取胜的关键。也有后发制人而取胜的，静待敌情有变而利于己方时，骤然发动，这也是取胜的关键。至于探听敌情、侦察道路，那是必须要提前做好充分准备的。用兵的高明之处，古往今来，莫不在于袭敌于其背后、断敌于其中腰、包抄于其尾末，但前提是要审明地势地形与敌情。

11.13　先妥善安排好自己（立于不败之地）以待敌军来战，根据敌情采取有利于己方的举措，骤然发动，这才是必胜之道。这是因为敌军急于求战，而我却可以以静制动，以逸待劳，集中力量对敌之一部（进攻一方一般不可能投入全部兵力进攻，只能一部分一部分地阶梯进攻，而守方却可以集结整体防御），所以才说是必胜之道。虽说这个战法不能生搬硬套，但却未必没有可取之处。

11.14　临阵之际，必须上下一心，有前锋御敌冲杀，有后备防守固营，有防备敌军包抄偷袭的兵力，有枕戈待旦的机动兵力，如此安排才是胜着。如果派某个将领所部留守后方，该部不按既定时间而提前发起攻击，就是违令；到了既定时间却不发起进攻，就是怯战。做到这些，必须要依靠号令严明。（如果）心无定向盲从于他人之进退，以为进攻就是好的，以为退却必是坏的，这绝对是不妥当的。

11.15　夹击敌军本是上策，但只能秘密筹划而不可事先泄漏，并且必须多部并进而不可一部独进。必须事先谋划妥当才能一战，具体还需相机行事，在战机的把握上，不可莽动也不可延误。

11.16　不轻敌才能思虑周详，不怯战才能稳扎稳打。

11.17 兵力分散就会力单势孤，进攻过度就会士气消散，大胜的局面也会转为大败，这都是不懂兵法的做法，不可不慎重。谨慎不怠则胜，整而不散则胜，军心合一则胜。此三胜的关键，就取决于此了。

11.18 我军出战，须得层层布置，列阵纵横，以整击散，以精锐攻击敌军的纰漏，以后备劲旅来防备敌军的包抄偷袭。临阵时切忌军队散乱，得胜时切忌贪图财利。

11.19 仔细审度战场地势、敌情，妥善谋划分兵合击的行动。或者寻找敌军的缺漏，乘虚而入攻击它；或者靠近敌军的要害之处，集中兵力攻击它；这些都需根据实际情况仔细斟酌。只是临阵切忌分散队伍，切忌贪图财利。得胜之时，尤其应当整顿好队伍，只求尽可能多地歼灭敌军有生力量。

11.20 作战只应合围一处的敌军，从而吸引敌军援兵的到来，其余的兵力都分作战斗兵员、机动增援兵员、包抄围剿敌

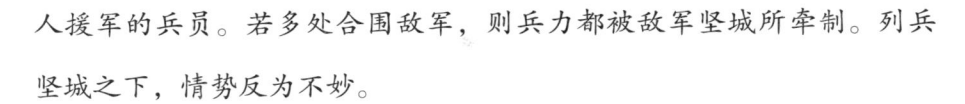

人援军的兵员。若多处合围敌军，则兵力都被敌军坚城所牵制。列兵坚城之下，情势反为不妙。

11.21　用兵之道，保全己之军力为上策，占领敌人阵地次之；击破敌军为上策，夺取城池次之。古人必四路无敌，然后才围敌之城，兵法所说"十则围之"就是这样呀。

11.22　两军相抗，有须得领先一着之说，如险要之地，就应先派遣一支军马先行占据，先发制人，此乃扼住敌军咽喉的计策，这是必胜之道。也有后发制人之说，越吃就越神妙，越老到越坚定，待敌人有变，骤然发动攻击，以奇兵攻敌之后，这也是必胜之道。

11.23　只要能稳得住大局，一年不能攻占一城也并不为过；一月连得数城，敌军反扑却无力抗击，这也不能为功。

11.24　军队分批出发，间距两日行程，每批为两千人。若是前锋遇到敌人，立即投入战斗，这不是必胜之道。应该就在靠近敌军之处，整顿前锋队伍成防御阵势，支撑到后军、中军聚齐，合力攻敌，这才能取得大胜。

11.25　临阵之际分派军队，不要怕力量分散；预先集结队伍，那就要力求厚实。

11.26　荀悦论兵，说："权宜机变是无法做到预先设计完善的，事态的变化是不能够事先谋划妥当的。应事之法，应当随时机的变化而变化，随事物的变化而变化。"实在是用兵的要诀。

11.27　两军相抗，恃强骄横是失败之兆，谨慎戒备是胜利之兆。

11.28　军旅之事，以谨慎为先。作战战法，以讲习为上。这是因为用兵机谋极为精深，不虚心求教断不能领会，岂可以己为是、以人为非？兵机瞬息万变，不时时谨慎缜密，断不能防范敌军，岂可粗心大意？

11.29 侦探敌情，务必准确、勤快、迅速。多处打探消息以供给众人讨论，沉心思考以审度敌情。敌军如果不分兵，我军就从其入境之处，合力围剿；敌军如若分兵，我军就专门围剿敌人主力。

【故事链接】

曾国藩抗命

曾国藩、胡林翼二人有一个共识，那就是掌握战争态势的主动权。为此，两人尤其强调三点：一是集中优势兵力歼灭敌人有生力量，利用局部的优势带动全局的胜势，所以非常忌讳兵力分散，"兵分则力单"。二是集中兵力必须打击敌人要害，为了实现这一目的，即便"一年不得一城，只要大局无碍，并不为过"。三是抓住敌人要害，死死拖垮敌人，"如险要之地，以兵据之，先发制人，此为扼吭之计，必胜之道也"。

为了实现湘军掌握主动权的战略实施，曾国藩不惜跟咸丰皇帝顶牛。

原来，太平军1856年内讧之后，清军和湘军趁机加紧了对南京的包围，太平军岌岌可危朝不保夕。可是没有想到，已经离开南京、身在安庆的石达开，粉碎了咸丰皇帝的美梦。石达开派遣陈玉成、李秀成等将领回援南京，而这两个年轻将领竟然短短时间就扭转了战局。

陈玉成与李秀成合兵，以绝对优势兵力歼灭湘军精锐李续宾部6000余人（湘军此时也不过十二三万人），取得三河镇一役胜利。这一战稳固了太平军在安徽的地盘，同时也稳固了太平军在长江以北的经营。其后，两人又夺取扬州，攻破清军江北大营，江苏局面为之一变。1860年，李秀成又击破清军围困南京的江南大营，两江总督何桂清逃亡上海（后被弃市菜市口），太平军趁势进攻江浙，连续攻克苏州、杭州、常州，东南财富之地尽被太平天国占据。

总之，咸丰及一干大臣以为可以吃着火锅唱着歌的时候，被太平军一炮打翻了。咸丰不得已，重新启用曾国藩，并急令他驰援苏常。曾国藩怎么做的呢？对不起，救援苏浙还是算了吧，我就在安徽打安庆了，哪儿也不去。这个时候的曾国藩最高官衔是二品的兵部侍郎，

而湘军的另一个领袖胡林翼依然是湖北巡抚了,为何咸丰给曾国藩下令,而不是给胡林翼呢?为何曾国藩就敢抗命呢?

首先,胡林翼在湘军中的威望远不能与曾国藩并论,胡林翼还是因为曾国藩的保举才从知府胜任道台的。其次,曾国藩抗命,有不得已的苦衷。这个苦衷里面又有两个原因:一是曾国藩的兵力太少。湘军此时也不过十二三万人,而能够直接归曾国藩指挥的,最多也就三万人左右。曾国藩实在是无力分兵。况且,因为听从不通军事的朝廷命令,仓促出兵而白白送死的人太多了,湘军悍将李续宾、钦差、江南大营统领和春、湖广总督吴文镕等。二是曾国藩的战略目标不在苏浙,而在安徽,具体来说,就是安庆,夺取安庆,直扑南京。只要捣毁敌军老巢,苏浙自然也就收复了,否则收复苏浙也还会被敌军复夺。

曾国藩的战略眼光是正确的,安庆既是南京的粮食供给地,又是南京防御的西大门。

咸丰皇帝见曾国藩抗命,非常恼火,训斥的旨意中火药味十足:既然你说安庆这么重要,那你不妨先把安庆拿下,然后顺江而下吧。意思就是说,你不妨顺便把南京也解放了。可是,安庆并不是短时间能攻克的,你何不先去收复苏浙失地呢?

咸丰作为最高领导人,他对失地负有最高的道德责任和义务,所以他重视收复失地,并非是基于军事考虑,而完全是政治考量。但曾国藩明白其中的厉害,宁可让皇帝不喜,也要硬着头皮顶牛。

北方,英法联军侵袭,京津失手,南方苏浙局势恶化,咸丰皇帝不得已任命曾国藩为两江总督，并委以钦差大臣督办江南军务，节制长江南北水陆各军。曾国藩苦等多年，终于得到了早该属于自己的地位，可他依旧拒绝救援苏常，理由依然是风险太大，难以实施。后来，湖广总督官文也为他说和，咸丰皇帝无奈之下，只得作罢。

正是曾国藩的坚持，才使湘军反客为主攻占安庆，之后，才顺利占领南京。

【原文】

蔡按：曾胡之论兵，极主主客之说：谓守者为主，攻者为客；主逸而客劳，主胜而客败。尤戒攻坚围城。其说与普法战争①前法国兵学家所主张者殆同（其时俄、土两国亦盛行此说）。其论出师前之准备，宜十分周到。谓一械不精，不可轻出；势力不厚，不可成行；与近今之动员准备，用意相合。其以全军、破敌为上，不以得土地、城池为意，所见尤为精到卓越，与东西各国兵学家所倡导者如出一辙。临阵分枝宜散，先期合力宜厚，二语尤足以赅括②战术、战略之精妙处。临阵分枝者，即分主攻、助攻之军及散兵、援队、预备队之配置等是也；先期合力者，即战略上之聚中展开及战术上之开进等是也。所论诸端，皆从实行后经验中得来，与近世各国兵家所论若合符节③。吾思先贤，不能不馨香崇拜之矣。

【注释】

①普法战争：法国称1870年法德战争，德国称德法战争，1870年7月19日正式开战，到1871年5月10日结束。普鲁士击败法兰

西第二帝国，大获全胜，建立德意志帝国。

②赅（gāi）括：即概括。

③若合符节：两者完全吻合。语出《孟子·离娄下》："（舜和文王）得志行乎中国，若合符节。先圣后圣，其揆一也。"

【译文】

蔡锷按：曾胡二公论兵，极为推崇住客之说：认为防守的一方为主，进攻的一方为客；防守的一方养精蓄锐而进攻的一方疲于劳累，则防守的一方就会胜利，进攻的一方就会失败。尤其不要攻坚围城。他们的说法，与普法战争前法国的兵学家的主张几乎一致（当时俄国、土耳其两国也流行这种说法）。他们关于出师前准备的论说，也十分周密。认为只要有一样军械不精良，就不能轻易出动；军力不雄厚，也不能成行；与今天所说的战前动员准备，用意相合。他们以保全军力、攻破敌军为上策，而不在意占领土地、城池，这番见识尤为精到卓越，与东西方各国兵学家所提倡的如出一辙。临阵委派兵力应当分散，预先集结军队应当厚实，这两句话足以概括战术、战略的精妙之处。临阵委派军队，即分为主攻、助攻的部队，及散兵、机动救援部队、预备队等配置；预先集结军队，即战略上的聚中展开，及战术上的开进等。曾胡二公所说的这些方面，都是从实行后的经验中得来的，与近世各国兵家所论完全符合。每当我想起这些先贤，就不能不对他们顶礼膜拜。

第十二章 战守

【导读】

　　本章论及攻战，守战，遭遇战，局地战，以及防边之策，攻城之术。关于攻守，比较典型的战略思想是《孙子兵法·军型篇》，其中所述："昔之善战者，先为不可胜，以待敌之可胜。不可胜在己，可胜在敌。故善战者，能为不可胜，不能使敌之必可胜。故曰：胜可知，而不可为。不可胜者，守也；可胜者，攻也。守则不足，攻则有余。善守者，藏于九地之下；善攻者，动于九天之上，故能自保而全胜也。"

　　但《孙子兵法》所述仅可用于攻守的指导思想，具体到每次战役，则需要在此指导思想下细化具体对应战术。无论处于攻势，还是处于守势，曾国藩和胡林翼都极度重视情报工作与精心布置。这种认识来自切身经历，夺取安庆时，就是因为情报不准，加上对太平军战力估计失误，导致曾国藩在祁门大营兵力安排上出现重大失误，差点被太平军攻破。因而曾国藩着重提出"哨探严明"。

　　很长一段时间里，湘军与太平军作战，无论兵力还是武器，都处于劣势。正是这样的实际情况，"结硬寨，打呆仗"成为湘军的共识。曾国藩提出"扎营宜深沟高垒"，胡林翼则说"扼要立营，加高加深"。

　　战略要地，势在必争。胡林翼说，紧要必争之地，要集结优势兵力驻守。曾国藩更进一步说，两军相逢勇者胜，只要有效打击敌军前锋，不使其有立足之地，则纵然敌军有后援也无用。在夺取安庆的战役中，湘军在太平军占优势的主战场，硬是通过局部的优势占领要地，实施了反客为主战略，最终取得胜利。

　　当然，受到当时情报工作落后，兵械装备，及太平军自身缺陷等条件的影响，曾国藩关于攻防"主客"的见解，是有明显的不足之处的。因而蔡锷说："曾胡论兵，极重主、客之见。只知守则为主之利，不知守反为主之害。"如果弱军来攻，一味防守，是为消极。若是强军来攻，只顾防守，恐也难以抵挡。攻守应视具体情势，而不是事先定下教条。

蔡锷在其按语部分，为近代军人普及了世界上各国对攻防的先进战术及思想，"攻击之利，昭然若揭"。同时，较为实际地对比了当时中国与周边列强（日、俄），并为战事的胜利指明了方向——游击战。应该说，蔡锷的战略眼光非常具有前瞻性，后来的事实也证明了这一点。

【原文】

12.1　凡出队，有宜速者，有宜迟者。宜速者，我去寻敌，先发制人者也。宜迟者，敌来寻我，以主待客者也①。主气常静，客气常动。客气先盛而后衰，主气先微而后壮。故善用兵者，每喜为主，不喜作客②。休、祁诸军③，但知先发制人一层，不知以主待客一层，加之探报不实，地势不审，敌情不明，徒能先发而不能制人。应研究此两层：或我寻敌，先发制人；或敌寻我，以主待客。总须审定乃行，切不可于两层一无所见，贸然出队。

12.2　师行所至之处，必须多问、多思。思之于己，问之于人，皆好谋之实迹也。昔王璞山④带兵，有名将风，每与敌遇，将接仗之前一夕，传令营官齐集，与之畅论敌情、地势，袖中出地图十余张，每人分给一张，令诸将各抒所见，如何进兵，如何分支，某营埋伏，某营并不接仗，待事毕后专派追剿。诸将一一说毕，璞山乃将自己主意说出，每人发一传单，即议定之主意也。次日战罢，有与初议不符者，虽有功亦必加罚。其平日无事，每三日必传各营官熟论战守之法。

12.3 一曰扎营宜深沟高垒。虽仅一宿，亦须为坚不可拔之计。但使能守我营垒安如泰山，纵不能进攻，亦无损于大局。一曰哨探严明。离敌既近，时时作敌来扑营之想。敌来之路，应敌之路，埋伏之路，胜仗追击之路，一一探明，切勿孟浪。一曰痛除客气。未经战阵之兵⑤，每好言战，带兵者亦然。若稍有阅历，但觉我军处处瑕隙，无一可恃，不轻言战矣。

12.4 用兵以渡水为最难。不特渡长江大河为难，即偶渡渐车之水，丈二之沟，亦须再三审慎，恐其半渡而击⑥。背水无归⑦，败兵争舟，人马践溺，种种皆兵家所忌。

12.5 隘路打胜仗，全在头敌。若头敌站脚不住，后面虽有好手，亦被挤退。

（以上五节，为曾文正公语）

【注释】

①"凡出队……以主待客者也"两句：这两句及本节内容，应是曾国藩对1860—1861年（咸丰十年至咸丰十一年）湘军以"反客为主"战略，最终攻克安庆的总结。曾国藩此两句，有实际情况的不得已，但后世审视，以为颇有局限，即便当时，这句话也与胡林翼之"军旅之事，守于境内，不如战于境外"相左，故蔡锷在本章"按"中对曾

国藩这句话也进行了驳正,"曾、胡论兵,极重主、客之见。只知守则为主之利;不知守反为主之害。"

②故善用兵者,每喜为主,不喜作客:1856年(咸丰六年)9月,太平军内讧,南京被围,形势急转直下。但1858年(咸丰八年)11月,陈玉成、李秀成合力歼灭湘军精锐李续宾部,取得三河镇战役胜利,此后,李秀成又于1860年(咸丰十年)5月攻破清军江南大营。一系列局部胜利,太平军有"声势复振"气象。在此情况下,湘军两个首脑曾国藩、胡林翼制定了战略思路,反客为主夺取安庆。安庆是南京的西方门户,攻克安庆,南京破城就是时间问题了。

③"休、祁诸军"一句:实际就是曾国藩坐镇的祁门大营。休,

休宁。祁，祁门。休宁、祁门在长江南，距离安庆直线距离分别在150公里和100公里上下。曾国藩率部在江南，胡林翼率部在江北，实施夺取安庆的战略外围攻势。曾国藩有鲍超等悍将精锐合计约3万人，本以为无虞。可因为情报不准，加之对太平军善于山地战的能力估算失误，被李秀成等先后猛攻，祁门大营数次粮道断绝，后幸赖左宗棠救援方挽回败势。所以曾国藩特特点出"探报不实，地势不审，敌情不明，徒能先发而不能制人"。

④王璞山：即王鑫，第一章已经注释。曾国藩与王鑫理念与所见颇多龃龉，此处曾国藩赞赏王鑫，足见其胸怀。亦印证蔡锷说曾国藩"名臣胸襟"。

⑤未经战阵之兵，每好言战，带兵者亦然：《韩非子·五蠹》所说："境内皆言兵，藏孙、吴之书者家有之，而兵愈弱，言战者多，被甲者少也。"即是此句之意。

⑥半渡而击：敌军渡河队伍一半在水中，一半在岸上，这时攻击它，效果最好。语出《孙子兵法·行军篇》："客绝水而来，勿迎之于水内，令半济而击之，利。"

⑦背水无归：背水作战，没有退路。历史战例中，并不乏背水一战而大胜的战事，如春秋秦国孟明视济河焚舟而大胜晋国，如项羽漳河凿舟战胜王离，韩信绵蔓水背水结阵大胜陈余。曾国藩认为不要将自己军队置于背水作战的境地，这属于"正"谋；而背水一战，置之死地而后生，属于"奇"谋。就常态而言，军队还是倚重"正"，而不是倚重"奇"，即"正"可以久为，而"奇"却不能总用。

【译文】

12.1 凡是出兵作战,有的应当迅速,有的应当缓慢。出兵迅速的情形是,我军想要主动寻敌决战,这叫先发制人。出兵缓慢的情形是,敌军想要与我决战,这叫以主待客。主方士气平和,客方士气活跃。客方士气先盛而后衰,主方士气先细而后强。所以,善于用兵的人,往往喜欢作为主方,而不愿意作为客方。休宁、祁门各军,只知道先发制人这一战法,而不懂得以主待客这一战法,加上情报不实,地势不清,敌情不明,结果只是先发却不能制人。应仔细研究这两种战法:要么我寻敌决战,先发制人;要么敌来寻我决战,以主待客。总得审度决定(采用这两种战法中的哪一个)之后才能行动,切不可对这两种战法一无所知,就贸然出兵。

12.2 军队所到之处,必须多问、多思。勤于思考,集益于人,这都是善于谋划的表现。王璞山带兵,有名将风范,每当与敌相持,即将交战前的晚上,定会传令营官齐聚中军营帐,与他们毫无保留地谈论敌情、地势,还从袖中拿出地图十多张,分发给每个人,令诸将各抒己见,如何进兵,如何分派兵力,某营埋伏,某营并不迎敌,而是主战场结束战斗后,他们专门负责追剿溃逃的残兵败将。诸将一一说完后,璞山才将自己的主意说出来,并给每个将领发放一张传单,上面有方才议定的方略。第二天战斗结束后,如有将领行动与昨晚议定不符合的,即便他立了功也必然加以惩罚。王璞山平日无军情时,每三天就必传各营官前来研讨战守的方法。

12.3 第一,扎营时应当深沟高垒。即便是仅仅宿营一晚,也必须做好营寨坚不可摧的打算。只要用沟垒把我军营寨防守得稳如泰山，纵然不能进攻，也无损于大局。第二，哨探严明。离敌军已经很近了，就要假定敌军随时会来扑营。敌军进攻的路线，我军应敌的路线、埋伏的地点、胜后追击的路线，必须要一一探明，切勿鲁莽。第三，痛除轻敌、冒进的意气。没有经历过战阵的兵士，动辄喜好谈论战事，（没有经历过战阵的）带兵之人也是如此。若等到稍有阅历后，便只觉得我军处处有缺漏，没有一处可以倚仗，就再也不轻率谈论战事了。

12.4 打仗最难的莫过于渡水作战。也不单单是渡长江黄河才算难，即便是渡淹没车轮的小河，或者宽不过丈二的沟渠，也必须要再三审慎，唯恐敌军趁我军渡河至半而发动攻击。背水作战，没有退路，兵败则必争抢舟船，导致自相践踏，凡此种种都是兵家所忌讳的。

12.5 狭窄险要的路上与敌军相抗，要想取胜，就要重点打击敌军先头部队。敌军先头部队被打垮，即便后援有精兵强将，也终被挤退。

（以上五节，为曾文正公语）

【故事链接】

陆抗取西陵

曾国藩说："扎营宜深沟高垒。虽仅一宿，亦须为坚不可拔之计。"说白了，曾国藩所秉持的就是"结硬寨，打呆仗"。军事无小事，宁可谨慎有余也不抱有侥幸心理。

272年，即东吴末帝孙皓凤凰元年，西陵督步阐反了，带领所部人马及西陵城，投靠了北边的晋朝。步阐为什么反了呢？原因是当时东吴皇帝孙皓给了他一纸调令，任命他为绕帐督。是不是地位下降，步阐不愿意呢？还真不是，绕帐督统禁军绕帐兵，负责宿卫侍从，地位相当重要。步阐之所以反了，说来也是孙皓自己作的孽。原来，步阐一家从他爹步骘那会就镇守西陵，已经四十多年了。而孙皓登基后，暴虐的威名，据说连晋朝的晋武帝司马炎都胆寒。步阐突然接到这么个调令，心里怎么想？是有人说我坏话了，是皇帝抓住自己什么把柄了，还是……总之，步阐就不敢往好处想。既然去建康是死，那索性不如投靠别人吧。为了表明诚心，还把自己的侄子步玑送到洛阳作为人质。

晋武帝也很会来事，立即封步阐都督西陵诸军事、卫将军、仪同三司（宰相待遇），加侍中、假节、领交州牧，封宜都郡公，给步阐全身挂满了明晃晃的勋章。同时，急令荆州刺史杨肇前往接应，车骑将军羊祜（当时驻扎湖北襄阳）率军5万进攻江陵（东吴荆州治所，在陆抗治所乐乡东70多公里，今湖北省江陵县）。笑话，东吴能眼睁

睁看你反叛吗？必须要派兵马过去牢牢控制住。

果然，东吴这边，陆抗听到步阐反叛的消息后，当天就部署兵力，命令前锋当日发兵，直扑西陵。当时陆抗在哪里呢？他受命都督信陵、西陵、夷道、乐乡、公安诸军事，治所在乐乡（西陵西南方，今湖北松滋市东北），到西陵的直线距离有七八十公里。

陆抗和羊祜都希望以快打快，抢先占领有利态势。因为西陵的位置太重要了，西陵就在今天的宜昌，向西就是西蜀的巴东，向北就是晋朝的重镇襄阳。晋朝夺得西陵，既可以隔断西蜀和东吴的联系，又可以进而占据荆州。东吴失去西陵，则荆州不保，荆州不保就相当于断去一条臂膀。

就在这个时候，陆抗下令各军，自赤溪（西陵东）至故市（西陵西北）上几十公里的战线上挖掘壕沟，修筑工事，日夜不停。陆抗一副敌人已经打到家门口的架势。各军将领非常不解："我军锐气正盛，为何不趁晋朝军队到来之前快速拿下西陵，反而在这里劳民伤财挖什么壕沟呢？"

陆抗说："西陵城坚固，粮食充足，难以短时攻克。我军向西进攻西陵，羊祜必然从东边攻击我军。届时，我军必然腹背受敌，如没有防御工事，如何抵挡？"

众将不服，陆抗只得允许宜都太守雷谭率军攻城，果然一无所获。各将领这才回笼心思安心修筑工事。工事修筑完毕，陆抗依然没有将注意力放到攻城上，而是先解决晋朝的援军。

陆抗将计就计，引诱杨肇来攻。杨肇上当被杀得大败，陆抗率轻骑精锐随后掩杀，羊祜也被杀退。外患尽数解决，陆抗于是顺利攻下西陵。

【原文】

12.6　战守机宜；不可纷心；心纷则气不专，神不一。

12.7　交战宜持重，进兵宜迅速。稳扎猛打，合力分枝，足以括用兵之要。

12.8　军旅之事，守于境内，不如战于境外①。

12.9　军事之要，必有所忌，乃能有所济；必有所舍，乃能有所全。若处处设备，即十万兵亦无尺寸之效。

12.10　防边之要，不可处处设防。若处处设防，兵力必分。不能战，亦不能守。惟择其紧要必争之地，厚集兵力以守之，便是稳固。

12.11　碉卡之设，原所以省兵力，予地方官以据险慎守之方。有守土而无守之之人，虽天堑不能恃其险；有守人而无守具，虽贲获②无所展其长。

12.12　有进战之营，必须留营作守。假如以十营作前茅为战兵，即须留五营作后劲为守兵。其留后之兵尤须劲旅，其成功一也。不可争目前之微功，而误大局。

12.13　有围城之兵，须先另筹打仗之兵。有临阵打仗之兵，必须安排后劲，或预杜③抄后之敌，或备策应之举。

12.14　扼要④立营，加高加深，固是要着。惟须约束兵丁，不得滋扰；又须不时操练，使步法整齐，技艺精熟。庶战守皆能有备。

（以上九节，为胡文忠公语）

【注释】

①军旅之事，守于境内，不如战于境外：《读史方舆纪要·江西方舆纪要叙》："以江西守，不如以江西战。战于江西之境内，不如战于江西之境外。"是说如果只是一味防守，则敌纵未入镜，而我先已坐困，民计、粮饷、兵员都成问题。守不可行，战呢？受到江西当地地势的影响，战的结果也不理想，于是提出"守于境内莫如战于境外"的观点。战于境外，则我军以一力去攻，敌军必以十力来防备，必会顾此失彼士气大丧。胡林翼此语，当与之道理相合，而与曾国藩"以主待客"相左。

②贲获（bēn huò）：战国时勇士孟贲和乌获的并称。

③预杜：预先杜绝。

④扼要：此为险要之地。

【译文】

12.6　攻占防守的要领，在于自乱心神；自乱心神，则士气不能凝聚，精神不能集中。

12.7　交战时应当秉持谨慎、稳重，进兵应当迅速。稳扎稳打，预先集结兵力，临阵委派调遣，这就足以概括用兵的诀窍了。

12.8　战事攻防这件事，守于境内待敌，不如战于境外击敌。

12.9　军事的要点在于，必得有所忌惮之心，才能于军事有所帮助；必得有所舍，才能保全军事大局。若处处防守，纵有十万兵力也难有尺寸之功。

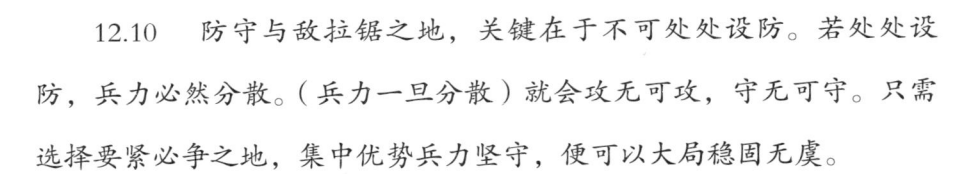

12.10　防守与敌拉锯之地，关键在于不可处处设防。若处处设防，兵力必然分散。（兵力一旦分散）就会攻无可攻，守无可守。只需选择要紧必争之地，集中优势兵力坚守，便可以大局稳固无虞。

12.11　堡垒哨卡的设立，原本是为了节省兵力，给地方官以据险慎守的凭仗。虽有地方官却没有真正能实施防守的人才，即便是天堑之险也难以倚仗；有实施防守的人才，却没有防守的器具，即便防守之人有孟贲、乌获之勇，也难以施展出来。

12.12　有进攻作战的部队，就必须要留有防守护营的部队。假如以十营兵力为前锋作战兵，就需要留五营兵力作为后备守兵。留守的部队还必须得是精锐之师，它的功劳和进攻的战兵一般无二。不可为了争抢眼前的小功劳，而耽误了全局大势。

12.13　安排围城的兵力，须得先另行安排打仗的兵力。安排临阵打仗的兵力，须得安排好预备兵力，或者杜绝敌军背后抄袭，或者以备机动策应调遣。

12.14　在险要之地扎

营,深沟高垒,自然是必要之举。只是还需约束兵士,不得让他们惊扰地方;还需要按时操练,使他们步法整齐,技艺精熟。如此,则于攻于守就都能应付了。

(以上九节,为胡文忠公语)

【故事链接】

反客为主 攻克安庆

1855年,太平军翼王石达开部攻陷武昌;1856年,燕王秦日纲夺取扬州,攻破"江北大营",东王杨秀清、秦日纲合兵攻破江南大营。长江一线,从武昌到镇江长江沿岸的城镇,被太平军囊括。安徽、江西、湖北、江苏大部已被太平军牢牢掌控。一时间,太平军进入全盛时期。

可是好景不长,鱼从头烂,堡自内陷。孟子说,内无法家拂士,外无敌国外患,国恒亡。三年的围困解除,南京城放眼四周,已无敌军。太平军一看大敌已除,收拾自己人的机会到了。1856年9月,太平军内讧,形势急转直下。但1858年11月,陈玉成、李秀成合力歼灭湘军精锐李续宾部,取得三河镇战役胜利。此后,李秀成又于1860年5月攻破清军江南大营。一系列局部胜利,使太平军有"声势复振"气象。

在此情况下,湘军两个首脑曾国藩、胡林翼制定了夺取安庆的战略思路。曾国藩、胡林翼认为,安庆是南京的西方门户,攻克安庆后南京破城就是时间问题了。可现实的问题是,当时的安徽、南京周边,是太平军的主战场，拥有多倍于湘军的实力，湘军应该怎么应付呢？曾胡二人没有采取常规思路，而是硬要以弱势兵力反客为主，死攻安庆。

曾国藩的见解是，"自古平江南之贼，必踞上流之势，建瓴而下，乃能成功"。只要死盯安庆，目标直指南京，就能反客为主，掌握主动。为此，他与胡林翼分兵两路，胡林翼在江北，曾国藩在江南，南松北紧（胡林翼担任主攻），自西东进（沿长江而下），砸烂大门（安庆），直捣贼巢（南京）。为了实现这一战略，曾国藩三番两次拒不听从朝廷让他解围安庆救援苏州的诏令。太平军呢，也没有考虑出围魏救赵的良方，不得不调集主要力量来应付。

为何一定要夺取安庆呢？这是由长江的水势决定的，安庆往上，江面狭窄，利于据岸扼江，而不利于水师作战。安庆以下至南京，则江面平阔，无险可守，利于水师顺江而下直扑南京。

设想虽好，可有一句话，强龙不压地头蛇，在人家的地盘上硬要打出主场的气势，并不容易。安庆并不是一座孤零零的城等着你来进攻，而是已经建成方圆上百里的纵深防御体系。太平军依托沿江岸上的险要地势，建立诸多堡垒重镇互为犄角，依据堡垒扼控守地，通过太湖水系，太平军还能得到兵员与后勤保障。太平军非常善于山地战，水师力量又占据优势。无论水路还是陆路，湘军要想前进一步都不容易。

曾国藩的设想是，先对安庆形成关门打狗之势。为此，胡林翼先夺去安庆以西约五十公里的石牌，和西北方的天堂镇、潜山，控制了太湖。湘军先是攻取太湖、潜山，其后胡林翼一夜之间夺取石牌，使得湘军水路形成夹击之势。而天堂镇的失守，使得安庆西方陆地防御出现了致命的漏洞。至此，安庆西方的防御力量完全丧失。

紧接着，打破安庆东方防御的战斗打响。水师提督杨载福（受曾国藩节制）率水师猛攻安庆下游的重镇枞阳。太平军叛将韦志俊（韦昌辉之弟）挖开枞阳附近的罗德洲和下首的堤坝，引水进入后湖，使得清军得以水陆并进。枞阳失守，安庆与南京的水路交通断绝，安庆再无东方防御，彻底沦为一座孤城。安庆虽未攻克，曾国藩的反客为主战略，已然完成。

太平军为了解围安庆，也曾实施了"围魏救赵"战略。具体就是，陈玉成率军从长江北岸，经太湖（安徽太湖县，非江苏太湖那个湖）、英山、霍山进军湖北，猛攻武汉；李秀成则率军从长江南岸，经江西而进入湖北，与陈玉成会师武汉。

应该说，这一战略思路是对头的，曾国藩

的祁门大营在李秀成等的攻击下，几欲失守，曾国藩连遗书都写好了。可是这样远距离的纵深作战，无论是情报保密，还是后勤供应，甚至对最终目的地武汉的必须攻取的实力，当时的太平军都无法做到。如果说江北的陈玉成还有解围安庆的姿态，那么江南的李秀成一路向西直扑武汉的意图，傻子都能看明白。后来，陈玉成虽然攻克黄州，但没有攻克武昌。李秀成也没有咬牙攻克曾国藩的祁门大营，错失良机，后又没有如期与陈玉成会师，反而去了江西。

总之，外围工作已然完成，刺刀见血的时候到了。此时，曾国荃早已围困了安庆；陈玉成率军三万进入集贤关，攻打曾国荃；陈玉成后面，则是洪仁玕的援军和清军多隆阿厮杀在一起。洪仁玕不是多隆阿的对手，被击败。陈玉成失去了后援也就无以为继，又败退而回。1861年9月4日，曾国荃夺取安庆。

【原文】

蔡按：右揭①战守之法，意括而言赅。曰攻战，曰守战，曰遭遇战，曰局地战，以及防边之策，攻城之术，无不独具卓识，得其要诀。虽以近世战术之日新月异，而大旨亦不外是。其论夜间宿营，虽仅一宿亦须深沟高垒，为坚不可拔之计，则防御之紧严，立意之稳健，尤为近世兵家所不及道也。（按：咸、同时战争两方，多为不规则之混战，来去飙倏，不可端倪，故扎营务求坚固，以防侵袭）

曾胡论兵，极重主、客之见。只知守则为主之利，不知守反为主之害。盖因其时所对之敌，并非节制之师、精练之卒。且其人数常倍于我，其兵器未如今日之发达，又无骑、炮两兵之编制，耳目不灵，攻击力复甚薄弱。故每拘泥于地形、地物，攻击精神未由奋兴。故战术偏重于攻势防御，盖亦因时制宜之法。

近自普法、日俄②两大战役以后，环球之耳目一新，攻击之利，昭然若揭。各国兵学家，举凡战略战术，皆极端的主张攻击。苟非兵力较弱，或地势、敌情有特别之关系，无复有以防守为计者矣。然战略战术须因时以制宜，审势以求当，未可稍事拘滞。若不揣其本，徒思仿效于人，势将如跛者之竞走，鲜不蹶③矣。兵略之取攻势，固也，必须兵力雄厚，士马精练，军资（军需、器械）完善，交通利便，四者均有可恃，乃足以操胜算。四者之中，偶缺其一，贸然以取攻势，是曾公所谓"徒先发而不能制人"者也。

普法战役，法人国境之师，动员颇为迅速，而以兵力未能悉集，军资亦虞缺乏，遂致着着落后，陷于防守之地位。日俄之役，俄军以交通线仅恃一单轨铁道，运输不继，遂屡为优势之日军所制。虽迭经试取攻势，终归无效。

以吾国军队现势论，其数则有二十余镇④之多，然续备、后备之制⑤，尚未实行。每镇临战，至多不过得战兵五千。须有兵力三镇以上，方足与他一镇之兵相抗衡。且一有伤亡，无从补充。是兵力一层，决难如邻邦之雄厚也。今日吾国军队能否说到精练二字，此稍知军事者自能辨之。他日与强邻一相角逐，能否效一割之用⑥，似又难作侥幸万一之想。至于军资、交通两端，更瞠乎人后。如此而曰吾将取战略战术上最有利之攻势，乌可得耶？鄙意我国数年之内，若与他邦以兵戎相见，与其为孤注一掷之举，不如采用波亚战术⑦，据险以守，节节为防，以全军而老敌师为主，俟其深入无继，乃一举歼除之。昔俄人之蹴拿破仑于境外⑧，使之一蹶不振，可借鉴也。

【注释】

①右揭：右面所揭示的。蔡锷成书时，还是繁体竖排左起，故说右揭，意同前面所说的右列。

②普法、日俄：普法战争，前已有注解。日俄战争，即1904年到1905年间，日本与俄罗斯为争夺朝鲜半岛和中国东北，在中国辽东半岛和朝鲜半岛海域进行的战争。日本出人意料，战胜了俄国。这两次战争有三个共同点：一是都是后起的势力挑战既存的固有势力；二是后起势力无论于战略构想还是战术实施，都是采取极力进攻的姿态；三是出乎当时各国的事先预判，后起势力都挑战成功获得胜利。普法、日俄两次战争中，战前各国普遍认为普鲁士和日本实力弱于法兰西和俄罗斯，可是普鲁士、日本趁法国和俄罗斯兵力未能集结、战备未能妥当之时，采取快速进攻逼迫对方陷入防守，以局部的优势击溃对方局部的劣势，取得了全局的胜利。两次战争给各国军事指导思想产生了重大影响，蔡锷所说"环球之耳目一新，攻击之利，昭然若揭"，也就是这个意思。曾国藩强调主利客害，蔡锷举例说明其局限性。

③鲜（xiǎn）不蹶（jué）矣：没有不跌倒的。鲜，少。蹶，跌倒，喻指失败或挫折。

④镇：新军编制最高军事单位，每镇定额12512人。1907年，清政府决定在全国各省普遍建立新军，计划共建36镇，最终也没有完

成。到1911年，亦即蔡锷编纂《曾胡治兵语录》时，编成14个镇，18个混成协、4个标和一支禁卫军。实际有战斗力的各镇如下：陆军第一镇，统制何宗莲；陆军第二镇，统制马龙标；陆军第三镇，统制曹锟；陆军第四镇，统制吴凤岭；陆军第五镇，统制张永成；陆军第六镇，统制吴禄贞；陆军第八镇，统制张彪；陆军第九镇，统制徐绍桢；陆军第十镇，统制孙道仁；陆军第十九镇，统制钟麟同（蔡锷为第十九镇下辖之三十七混成协协统）；陆军第二十镇，统制张绍曾；暂编第二十三镇，统制孟恩远。

⑤续备、后备之制：此指战斗兵员的来源、培训、补充与后勤保障的制度。续备、后备之苦，不仅仅曾国藩、胡林翼平定太平军时有，也不仅仅蔡锷民国初年有，尤其是后备之苦，一直延续到了二十世纪四五十年代。兵力来源，主要靠军事长官招募，或是直接抓壮夫，缺陷明显，兵多而不能战，多为乌合之众。后勤供应，动辄粮饷断绝无以为继，纵兵抢掠屡见不鲜。不得已之下，军事长官往往兼任地方长官，以能就地征粮征饷，可拉锯之地也多不能实际做到，且给百姓复加水火。受兵员与后勤的影响，蔡锷之时，中国军力的确无法与邻邦日本与俄罗斯抗衡，这并非只是武器的缘故。

⑥一割之用：自谦之词。本意是，哪怕钝刀也能有一用，后用为担当一次。语出《后汉书·班超传》："昔魏绛列国大夫，尚能和辑诸戎，况臣奉大汉之威，而无铅刀一割之用乎？"这是班超要平定西域各国，向汉章帝上书时毛遂自荐之语。

⑦波亚战术：即游击战术，因是南非的荷兰后裔（Boer，布尔人）

于1899—1902年三年时间里，用游击战法挫败了强大的英帝国40万大军。这次战争，推动了游击战在军事领域的影响。各国把这种战法称为布尔战术，中国早期译为波亚战术。

⑧俄人之蹴拿破仑于境外：1809年，拿破仑的法兰西第一帝国第五次击溃"反法同盟"，法兰西第一帝国达到鼎盛。放眼欧洲，拿破仑说了不算的，只剩下俄国了。1812年，拿破仑率军57人进军俄国。俄国除了艰苦顽强的军事抗争外，还实行了坚壁清野，这给拿破仑联军以致命打击。后因天气寒冷，拿破仑联军更是雪上加霜，得到了莫斯科一座空城，回撤时仅剩不到出发时人数的十分之一。俄国领土广博，可以实施大纵深战略。俄国人从开始就制定了挫敌于境内的战略，用空间换时间，终于挫败法军。

【译文】

蔡锷按：上面所揭示的战守之法，言简意赅。攻战，守战，遭遇战，局地战，以及防边之策，攻城之术，无不独具卓识，得其要领。虽说近代以来战术变化日新月异，可大体不外乎曾胡二公所说。他们谈及夜间宿营，即便是仅仅宿营一晚，也必须做好营寨坚不可摧的打算。他们防守的严紧，立意的稳健，尤其为近代兵家所未论及。（按：咸丰、同治时，战争双方所进行的多为不规则的混战，来去飘倏，难以常势揣度，所以扎营才务求坚固，以防敌军侵袭）

曾胡二公论兵，极重主、客之见。只知道守御就是对主方有利，不知道守御还对主方有害。这是因为当时他们所面对的敌人，并不是军容严整、军纪严明的军队，并不是精悍强壮兵士。且敌军人数常数倍于我军，他们的并且也没有像今天这样先进，又没有骑兵、炮兵的编制，军情消息也不灵通，攻击力又很薄弱。正因如此，敌人进攻往往受地形、地貌的限制，攻击的思维意识不能全部调动。所以，曾胡二公在战术上偏重于防御，这也是当时因时制宜的办法。

近代自普法、日俄两次战役以后，举世为之耳目一新，攻击（一方）的优势已十分明显。各国兵学家，但凡提到战略战术，无不极端主张攻击。只要不是由于兵力较弱，或地势、敌情有特别的原因，已经没有再以防守为战争指导思想的了。纵然如此，战略战术还是须得因时制宜，审度局势以求恰当的对策，不可稍有拘泥于成例教条。若不用心揣度别人采取攻势的根本原因，只是一味模仿别人攻势，势将如跛足的人与人赛跑，没有不摔跤的。在用兵的方略上选取攻势，固然无错，但必须兵力雄厚、士马精练、军资（军需、器械）完善、交通利便，四个条件均为我军所有用以对敌，这才能算是稳操胜券。这四个条件，恰恰就缺失一个，而贸然采取攻势，这就是曾公所说的"徒先发而不能制人"了。

普法战争，法国人本土作战，兵力动员已然颇为迅速，可最终还是因为兵力未能全部集结，军用物资也担心不能悉数到位，于是导致着着落后，陷于被动防守的地步。日俄战争，俄军交通运输仅仅依靠一条单轨铁路，运输难以为继，遂致局势屡屡被日军掌控。后随多次试图反扑，终归无用。

以我国目前的情势而论，兵力虽有二十多镇，但兵员补给、后勤供应制度，尚未实行。导致每镇打仗时，真正能够参战的兵士不过五千。这样一来，我军必须以三镇以上的兵力才能与别人一镇兵力相抗衡。况且，我军兵力一旦或伤或亡，无从补充。这兵力一层，已然难比邻邦兵力雄厚了。今天我国军队能够配得上精练二字，这是稍懂军事的人都能明白的。将来一旦与强大的邻国交战，我国军队是否可堪一用，实在不容乐观。至于说到军资、交通，更是难以企及。处于这样的情势，说什么采取战略战术上最有利的攻势，白日做梦吧？我认为，数年之内，我国若与他国兵戎相见，与其孤注一掷，不如采用游击战术，据险以守，节节设防，以保全自己军力、消耗敌人军力为主，等到敌军深入我腹地，兵员、后勤接济不继时，再一举歼灭他们。当年俄国人（以空间换时间，积极利用自己的有利条件）驱逐拿破仑于国门，使得他从此一蹶不振的战法，可以借鉴呀。

后记

谋国有忠，知人有明——曾国藩小传

京官曾国藩

嘉庆十六年十月十一日（1811年11月26日），湖南长沙府湘乡荷叶塘白杨坪，一曾姓老人做了一个梦，梦见一条巨蟒从天而降，进入自家内院。醒来犹觉不可思议，恰好这时，家人跑来报喜，孙媳妇为曾家新添一男婴。老人联想方才的梦境，大喜："此子必光耀我曾氏门庭。"

曾家为男孩取乳名宽一。及至男孩五岁，开始启蒙，经过反复甄选，最终男孩祖父为其定名子城，字伯涵。"城"者，国之所以防御也，取自《诗经·周南·兔罝》："赳赳武夫，公侯干城。"寄期望于这个男孩他日能成为国之栋梁，为国家所倚重。"伯"者，长也。这个男孩是曾家新一代中第一个男丁；"涵"者，涵养、包容之意，寓意这个男孩有深厚的学问、宽阔的胸襟。可见曾家对这个孩子的期许之高。

这个男孩，就是曾国藩。

年幼的曾国藩五岁启蒙，六岁入塾，八岁通四书五经，九岁习八股，十四岁与父亲同赴科场。锦绣前程就在眼前，曾氏一族的厚望，祖父、父亲的期许，已然不远。然而，曾国藩连续六次均考不中，第六次还因文章太差，被点名批评。就这样年到二十，依然还是童生。坊间流传一个笑话：曾家夜里进了小偷，想等曾家人入睡后行窃。偏偏曾国藩背书怎么也记不住，一直熬到夜半时分，曾国藩依旧在翻来覆去诵读。小偷眼看偷不得东西，不禁恼怒，从梁上跳下，就把曾国藩反复诵读的文章背了一遍，扬长而去，临走时扔给曾国藩一个"笨"字。虽是个笑话，也知曾国藩并非自小聪慧超群，但却刻苦用功。

道光十三年（1833），二十一岁的曾国藩多年苦读终于开窍，院试考中秀才，次年长沙乡试一举考中举人，曾家上下欢欣。道光十八年（1838），两次会试不中后，第三次终于考中进士，继而"朝考"入翰林。曾国藩想起当年考秀才六年不中，又如芒刺在背。曾国藩自知智力并不过人，唯有以勤补拙。一个"勤"字，伴随了他一生。然而二十七岁的翰林公，毕竟已经通过自己的努力抵达了读书人的最高点，飘然之下，难免顾盼自雄。浮躁、轻慢等毛病附身。曾国藩三十岁时，方大悟，欲做圣人，"不为圣贤，便为禽兽"。然而圣人哪里是那么容易做的，直到十年后，曾国藩方真正脱胎换骨，大彻大悟。

曾国藩有一个长处，反己改过。虽然经常自视甚高，看人总看到别人的不是，可是他意识到了就一点点改正。况且为人又急公好义，做事认真。后经军机大臣穆彰阿推荐，于道光二十九年（1849），曾国藩实授礼部右侍郎，真正掌握了实权。可也仅仅如此而已，在日暮西山的大势环境中，曾国藩反觉事事难为，甚至萌生退意。曾国藩身在高层，对国家糜烂的局面看得比以前更清楚，苦闷之时，结识了江忠源，方才心有稍慰。

道光三十年（1850），刚登基的咸丰皇帝下诏"求言"，曾国藩为之精神一振，奋笔疾书《应诏陈言疏》。咸丰皇帝大喜，此后又授命曾国藩兼署兵部、工部、刑部、吏部侍郎。曾国藩先后上书数百章，尤以《敬陈圣德三端预防流弊疏》名闻。曾国藩抄录发给罗泽南、刘蓉、郭嵩焘、江忠源等人阅看。此时曾国藩在湖南的威望更胜往昔。对于曾国藩以前的上书，咸丰皇帝也就仅仅维持三分钟的热度。但对《敬陈圣德三端预防流弊疏》却记了一辈子，曾国藩从此为咸丰所不喜。

团练大臣

咸丰二年六月十二日（1852年7月28日），曾国藩被点江西学差，主持江西乡试。抵达安徽时，接到母亲已于六月十二日病逝的书信，曾国藩五内俱焚，转而奔赴湖南。操办母亲丧事之际，太平军兵锋已然袭击湖南，分兵进入湖北，并占领武昌。八旗、绿营已然不堪一用，咸丰皇帝惶恐恼怒之下，下诏责令各省在籍大臣办团练，在家守制的曾国藩也是其一。

曾国藩本不想接这个差事，经过好友郭嵩焘的分析劝解，转而一门心思举办团练。不过郭嵩焘自己也没跑了，他和刘容是最先进入曾国藩幕府参赞军机的人。曾国藩说干就干，在长沙成立了审案局，对抢劫乡里的游兵散勇和祸害地方的地痞恶霸,狠狠地杀了一批,甚至为了起到威慑作用,把抓获的恶霸关进笼子,活活累死、饿死。一时间,曾剃头之名流传开来。长沙治安却为之好转。维护了社会治安,曾国藩开始着手组建湘军。因痛恨绿营兵的腐败无能,曾国藩弹劾湖南绿营,引来绿营兵的报复,而文官以巡抚骆秉章为首,也看不上曾国藩。不得已,曾国藩远避衡阳练兵。

早在曾国藩接任团练大臣之前,湖南湘乡县令朱孙诒曾早已着手招募乡勇防堵太平军,并邀请罗泽南、刘蓉协办。罗泽南理学在湖南深有名望,王鑫、李续宾、李续宜兄弟等人都是其座下弟子。至于朝廷所任命的团练大臣已经数以十计,然而曾国藩之前,并没有什么气候,一是人心不齐,二是粮饷短缺,三是拘于乡勇一途,效果最好者

也仅能勉强自卫而已。

曾国藩决定变"勇"成军,从自卫桑梓改为进剿敌军。练兵则取法"戚家军"成军之法。首先,选将募兵须得"带兵之人,第一要才堪治民,第二要不怕死,第三要不急急名利,第四要耐受辛苦。治兵之才,不外公、明、勤"。其次,以营为单位,下设哨、棚;在管理上,全军有统帅,约束数营有统领,带领一营有营官等。再次,保证粮饷供应。湘军普通兵士月饷为白银四两二钱,略低于正规军绿营的粮饷两项总收入,这个收入比起种地农夫已是几倍的收入了。但绿营兵因国库囊空已经无法发饷,湘军确实按月实发(但后来实行当中,因曾国藩久久不能得到地方实职,湘军军饷也时有亏欠,平时发饷半数,拖欠动辄数月已是寻常),保证了湘军兵源和战斗力。什长、哨官、营官,则分别为五两、九两、五十两(营官有费用补助,总共所得约有二百五六十两),统领则更高。厚饷治兵,成为曾国藩组建湘军的指导思想。

接下来,曾国藩要解决统一思想的问题,没有统一的思想,兵力再多也为一盘散沙。有的红了眼只顾报仇,有的一门心思钻营发财,有的胜了就抢、败了就逃。曾国藩不用舍生忘死的大道理来训人,而以忠恕之道来和军。他亲自选将,湘军前期多以书生将兵,书生有理想,通过书生将全军的统一思想传递给兵士。将领对兵士的选择也有一套规则,如身强体健,如木讷老实。

最后即是练兵。曾国藩抓住三条:一是以仁爱之心带兵,对待兵士有如对待子侄;二是严,令行禁止,违令处罚;三是勤,将领、兵

士都必须勤于练习，熟悉技艺。

曾国藩接受郭嵩焘的建议，决定组建湘军水师，建造新式战船，购买洋炮。湘军水师几经磨难，甚至几乎毁于一旦，但曾国藩建立强大水师之心始终坚决，后来证明，湘军水师与陆军配合，一旦控制了长江，太平军的生命补给线即可宣告完结。

两次抗命

咸丰三年（1853）八月，咸丰命曾国藩驰援湖北，曾国藩兵未练成，水师未竟，去救援别人就是个笑话。曾国藩以拖字诀抗命。十月底，太平军转而进攻安徽庐州（合肥），咸丰又下旨曾国藩，命其与安徽巡抚江忠源合兵抗敌。曾国藩以水师训练不熟，特别是所购买的洋炮还没有到，再次抗命。而且，曾国藩上书咸丰皇帝，不能头疼医头脚疼医脚，皖、赣、鄂、湘四省，应设立统一事权，这才能不像个无头苍蝇那样东西乱跳。

观曾国藩的上奏，私下揣度，曾国藩是想要这个"统一事权"职务的，毕竟他的晚辈兼好友，他曾经推荐过的江忠源都是安徽巡抚了。更为重要的是，太平军主要活动就在上述四省，要想剿灭太平军，必得有一个能够统一事权之人。可是咸丰皇帝更绝，给曾国藩的下诏中责问："直以数省军务一身克当，试问汝之才力能乎？否乎？"你自己掂量掂量，辖制四省兵力，你配吗？别说没用的，你赶紧给我整出点动静来让我看看。

曾国藩已非昔日京城那个锐意功名的曾国藩了，面对咸丰的怒火，曾国藩不疾不缓地回奏：我现在要炮没炮，要饷没饷，想动也动不了。至于四省统一事权，这可不是我的发明，这是湖广总督吴文镕、湖北巡抚骆秉章与安徽巡抚江忠源三人的合议，不论我是否胜任，这个职位提议的确合理。最后，我是丁忧的人，早就跟你说了我不想出山，你非让我出来做事，我的确是没有能力，你看着办吧。

曾国藩直接跟咸丰顶牛，有两个原因，第一个原因，是当时湘军的确没有准备好，"此次由楚省招兵东下，必须选百炼之卒，备精坚之械，舟师则船炮并富，陆路则将卒并愤，作三年不归之想，为百战艰难之行。岂可儿戏成军，仓卒成行？"（给江忠源的书信）第二个原因，就是曾国藩太需要一个地方实职了，哪怕给个巡抚也好，否则用人与粮饷都是问题。

曾国藩的苦心，并非人人都能理解，特别是四十二岁的安徽巡抚江忠源战死于庐州之后。兵你招募了，粮饷你劝捐了，用你的时候，好嘛，你当缩头乌龟了，这算怎么回事？！这还不算完，太平军回头再攻武昌，湖广总督吴文镕死守。曾国藩也以书信劝他万勿出城，待湘军水师完备，即刻援助。可是湖北巡抚崇纶与吴文镕有隙，屡屡诋毁，加之咸丰皇帝屡屡催促，吴文镕率数千兵士奔赴黄州，战死。吴文镕是个有大格局的正人君子，自己也向曾国藩求救，可是明白了情势后，宁愿自己不测，也要曾国藩不可轻举妄动。吴文镕死后，曾国藩泪雨滂沱。江忠源是湘军中头一个做到封疆大吏的，吴文镕是曾国藩的老师，两人于私而言与曾国藩为莫逆，于公而言是湘军莫大的支撑，两人的死对曾国藩及湘军都是沉重打击。

这段时间曾国藩的艰难不单来自外界压力和内心煎熬，还来自内部的矛盾，具体说就是与王鑫的矛盾。王鑫统兵很有一套，是不可多得的人才。曾国衡阳练兵也多借鉴王鑫之法。但两人秉性不合是其一，曾国藩内敛，不喜张扬。王鑫性格跳脱，极为善言，连左宗棠都不及他。王鑫自负甚高是其二，王鑫组建团练之时，曾国藩尚在家守孝呢。因而王鑫并不怎么愿意受曾国藩的辖制。理念不合是其三，曾国藩自然懂得"兵勇宜多"，可是曾国藩更重视"兵在精而不在多"，且兵多意味着粮饷供应也多，这在当时是无法办到的。王鑫则不然，硬是将兵员扩充了三倍。王鑫与骆秉章亲近，虽经刘容从中说和也无果。后来，曾国藩看王鑫去意已决，便将他分出湘军队伍。这是湘军组建以来的第一次分裂，其后李元度又来了一次。这对内托忠诚，外托门生、故旧、乡里成军的湘军是很大的打击。正因如此，曾国藩重视湘军的精神锤炼和思想统一。

就这样，曾国藩挺过了这艰难的一年，时至咸丰四年，曾国藩的湘军终于初步成军，水师、陆营一万七千余人。曾国藩发布《讨粤匪檄》，出兵作战。曾国藩的檄文有一个亮点，也是当代大儒、哲学家冯友兰所秉持的，太平军败坏名教，以神权愚民，这与中国几千年道统势不两立。曾国藩的湘军不单是"剿匪"，更是要为名教道统而战！这时，太平军已然横扫湘、鄂、皖、赣及江苏，攻占南京，兵力达三十万之巨。

胜不荣，败则辱

咸丰四年二月初二（1854年2月28日），曾国藩率水师、路营各五千（十营之数），各式战船三百余艘，洋炮五百多门，外加后勤保障等，共计一万七千余人，开始"东征"。

此时，太平军已占据长江，在湖南、湖北、安徽陆路战场也控制了局势，兵力之盛，非湘军可比，曾国藩只得暂时防守长沙。太平军随即展开战略包围，一面对长沙围而不攻，一面南下远攻湘潭、近取靖港。湘潭与长沙通过湘江相连，靖港则是长沙的入江港口。

曾国藩是抱着首战必胜的态度和信心参战的。原定由彭玉麟率五营水师迎敌于湘潭，曾国藩次日率五营水师与他配合。但曾国藩率军先去了靖港，因为有情报说靖港太平军兵力比较薄弱，只是虚张声势。靖港战斗一起，曾国藩才发现情报有误，太平军不仅兵力没那么少，反而准备充分，火炮密集射击，偏偏南风骤起，直接把湘军水师船只吹到了太平军的火炮之前。湘军水师初建，首次开战碰到这个局面，四下逃散，引发路营也溃败难挡。

多年心血毁于一旦，曾国藩欲哭无泪，纵身跳江。幸亏幕僚李元度早有安排，托人近身死死盯住曾国藩，将他救起。曾国藩回到长沙时，既不容于官场，也不容于乡里。曾国藩蓬首跣足，不肯吃饭，遗书都写好了。李元度强作笑脸安慰宽解曾国藩，却暗地里为曾国藩的不平痛哭。因战事失利，咸丰皇帝将曾国藩革职。值得一提的是，骆秉章此时并未落井下石。正在此时，湘军塔齐布取得湘潭大捷。靖港失利，反映出湘军的问题，但湘潭大捷也说明素日练兵的功效，曾国藩由是精神一振。塔齐布与周凤山，得到彭玉麟、杨载福指挥水师洋炮助战，夺取湘潭城。随后十战十捷，以不足万人击溃太平军精锐林绍璋部，林绍璋部三万余人全军覆没。湘潭失守，靖港太平军惊慌撤走，长沙之围随即解除。曾国藩就死之心不复。

靖港之败，难掩湘潭大捷、长沙解围、湖南解严之功，曾国藩却只落得个革职的处分。手下大将塔齐布都胜任湖南提督。历经靖港之耻的曾国藩，隐忍下来了，把目光投向湘军的改造上。靖港之役，一旦遇挫，败势随即难挽，让曾国藩记忆犹新。曾国藩把一批人驱逐出湘军，连同兵士一同整顿，削去三分之二。表现好的各部进行扩充，湘军基本恢复到一万兵力。

湘军整顿后，曾国藩亲率水陆大军再出长沙，奔赴湖北。六月，攻克岳州，七月夺取城陵矶，八月收复武昌、汉阳。咸丰皇帝获悉捷报，狂喜过望，"览奏，感慰实深。获此大胜，殊非意料所及"，大度地赏赐，任命曾国藩署理湖北巡抚（代省长）。曾

国藩还没等高兴完呢，咸丰随即反悔，"曾国藩着赏给兵部侍郎衔，办理军务，毋庸署理湖北巡抚"。在当时，组军、筹饷均是需要自行解决的情况下，曾国藩一日没有地方实职，就一日不能完全施展开来。曾国藩接到咸丰的第二道旨意，心情之沮丧可知。可是受到的不公平待遇，在己不是一次两次了，咬咬牙，忍了。况且，与太平军之争，在曾国藩骨子里是名教与邪教之争，这是大义，不能因自己的委屈而稍有退缩。不过让曾国藩高兴的是，他求之不得的湖北巡抚，不久就落在了胡林翼的头上，从咸丰四年（1854）二月至咸丰五年（1855）三月，胡林翼由知府而巡抚，一年五迁！这让曾国藩有些心酸、眼热，有真心高兴，于公于私，这都是最好的结果了。两人级别相等，但胡林翼是封疆大吏，权势远非曾国藩相比，胡林翼处处以曾国藩为湘军领袖，始终不渝。

咸丰皇帝虽然赏赐吝啬，但活还是不少安排。九月就急令曾国藩东下江西重镇九江。咸丰的想法是，武汉这么容易就拿下了，那就顺势再拿下九江，然后就直扑南京了，与江南、江北大营合击，南京唾手可得。老虎伤人，全赖爪牙，爪牙具在，怎么能缚虎呢？这就是外行人的一厢情愿。曾国藩认为先应该把武昌及长江上游水道打造成坚固的后方，只要湖北稳固，兵力物资齐备，然后顺江而下，于九江、安庆吸引太平军逐层歼灭，才能成事，"自古平江南之策，必踞上游之势，建瓴而下，乃能成功"。可是曾国藩拗不过咸丰的一再催促，在一连串的胜利之后他自己也想扩大战果。

要进攻九江，就必须突破长江北岸的田家镇与江对面半壁山的封锁。太平军斩杀武昌守将，派大将秦日纲率四万人驻守田家镇，田家镇与半壁山之间的江面架设数道铁锁封江，岸上布置火炮瞄准江面。九月中，曾国藩水陆夹击，进发九江。罗泽南率先发起对半壁山的攻击，以两千多人对战十倍于己的太平军，罗泽南勇不可当，血拼拿下半壁山太平军大营，断封江的铁锁与竹缆。其后，彭玉麟、杨载福夺取田家镇、长江之险，湘军已扼其上游，太平军水师失去了对长江的绝对控制。一时间"东南大局，似有转机"。

湘军的胜利，使骄纵之气也开始弥漫。曾国藩后来说的"为名利而出者，保举稍迟则怨，稍不如意则怨"，说的就是此时的湘军，保举稍微慢了些，不满的情绪就来了。作为局外人的左宗棠感觉敏锐，写信给曾国藩和罗泽南。曾国藩不是张狂之人，对此他是深有感觉的，罗泽南也意识到了。可是接下来的湖口惨败，还是再次印证了骄兵必败这四个字。

太平军吸取了以前屡败的教训，水师不再使用民船作战，改为清一色战船，且敢于打近身战。同时，派善于防守的林启荣守九江，石达开守湖口，罗大纲守梅家洲。湘军攻击九江城无果，进攻梅家洲又是无果。进攻湖口的水师，则中了太平军水师的诱敌之计，水师被拦腰截断，一部在鄱阳湖内，一部在长江。湖口之战大败，湘军水师遭受重创，曾国藩第三次投水自杀，被众人救起。太平军发起反攻，反扑武昌，重新控制了湖北大部。

曾国藩率溃不成军的余部去南昌驻扎，冷眼冷脸是早有预料的。曾国藩重整水师，重新招募路营兵勇，湘军的颓势终于从湖口惨败中缓解了过来。咸丰五年夏，三十五岁的塔齐布突然病逝，又给了曾国藩沉重打击。恰在这时，罗泽南要求率所部支援湖北的胡林翼（此时胡林翼已从九江转战武昌，并署理湖北巡抚），曾国藩不想同意。湖口战败后，本来力量就已薄弱，护卫还全靠李元度的几千平江勇。但罗泽南坚持要走，曾国藩只得放行，还把塔齐布遗部一千五百余人拨给他，并派好友刘蓉随同参赞。罗泽南率军五千赴鄂后，太平军石达开开始对江西全面出击，曾国藩仅有彭玉麟的水师、李元度的平江勇和周凤山的路营，水陆共计五千人马，根本无力抵御，只能受困于南昌，心急如焚。湖北传来消息，罗泽南战死。危难之时，曾国藩的弟弟曾国荃和周凤山率领招募的六千人奔赴吉安，解围南昌。

其后不久，胡林翼抓住太平军南京内讧的时机，一举攻克武昌，顺势肃清湖北全境。胡林翼东下援赣，命李续宾（罗泽南死后，余部

由李续宾统领）9500人围困九江，都兴阿、鲍超马队、步兵6000人屯兵九江对岸小池口，杨载福率水师沿江而下直扑九江。曾国藩兵力超过两万，且军容军纪犹胜以前。曾国藩正当筹划江西战事时，父亲病逝。曾国藩上书请旨回家奔丧守制，未及等到旨意便自行回到家中，临行前对军务做了详细的安排。

咸丰对曾国藩进行了安慰和褒奖，虽然都是口头上的。但事情的转折源于曾国藩的一封奏疏，即《沥陈办事艰难仍吁恳在籍守制折》。曾国藩在奏疏中说明两点：一是没有人事权。自己的部下有了功劳，我不能直接升职任用，谁还愿意跟着我干呢？地方官员碍事，我不能相机处理，谁还会积极配合我作战呢？二是没有处置事务权。今天给我个名头，明天又换一个名头，就是不给我关键的督抚实职，无论我干什么都名不正言不顺。总而言之，这活我没法干了。曾国藩在向咸丰摊牌要官，这如同以前渴望湖北巡抚一般无二，理直气壮是因为的确是形势所需。

咸丰的回复也很简单：既然你这么为难，那我就不勉强你了，你就在家守孝吧，"着照所请，准其先开兵部侍郎之缺，暂行在籍守制"。咸丰之所以有底气这么说，是因为当时胡林翼在湖北取得全胜，加上太平军内讧，最终的胜利似乎已在眼前，至少目前的曾国藩是不重要的。

呼之即来，挥之即去。曾国藩郁闷至极，怎么拼死累活就得到了这么一个弃之如敝履的下场呢？！曾国藩异于常人之处就在于困境中的自省，见利则争，与难则怨，不正是自己所反对的吗？如今自己竟然也陷入其中不能自拔，这是大不仁，"古人患难忧虞之际，正是德业长进之时。其功在于胸怀坦夷，其效在于身体康健。圣贤之所以为圣贤，佛家之所以成佛，所争皆在大难磨折之日，将此心放得实，养得灵。"他继而又想到，自己把大家伙召集起来，如今撒下不管了，这是大不义（而实际上湘军内部也的确不满，左宗棠直接声色俱厉地批评），犹觉对不住李元度等人。想透之后，心情复转明朗。

胡林翼倒是对情势看得透彻，甚至私信鼓励曾国藩，不得督抚不出山。可是到咸丰七年（1857）时，形势又发生了变化。先是石达开命陈玉成、李秀成回援南京，后来石达开二十万精锐杀入浙江，浙、赣、皖三省震荡，朝野恐慌。胡林翼、骆秉章趁机奏请咸丰启用曾国藩。咸丰皇帝这次痛快了，毕竟无人可用了，但仍令曾国藩以兵部侍郎衔统兵。曾国藩不再提巡抚总督的事情了，接到旨意三天后出发。

曾国藩此次复出，好好维护了与多个人的关系，主要体现在左宗棠与官文身上。至于左宗棠，曾国藩明白，骆秉章之所以为他说好话，全是因为左宗棠这个天下第一幕僚。骆秉章对自己的这个"师爷"，无有不从，无有不可，左宗棠的名气、名声甚至比骆秉章都大。湖广总督官文，更是满洲高贵，曾国藩仰望之姿甚是明显。这与以前的曾国藩迥异，以至于胡林翼批评他"过于圆润，少了阳刚气"。曾国藩给弟弟曾国荃的信中解释说："兄自问近年得力，惟有悔字诀。兄昔年自负本领甚大，可屈可伸，可行可藏，又每见人家不是。自从丁巳、戊午大悔大悟之后，乃知自己全无本领，凡事都见得人家有几分是处，故自戊午至今九载，与四十岁以前，迥不相同。"

总督两江

咸丰八年（1858）八月，曾国藩从武昌沿长江东下，汇集所部人马后，进入福建。曾国藩在福建与石达开并没有打大仗，可是留在江西的湘军却几乎遭到灭顶之灾，太平军新崛起了两个特别会打仗的年轻将领，二十一岁的李秀成和三十五岁的陈玉成。

李秀成主攻，陈玉成打援，一鼓击破清军江北大营。此时处在庐州附近的湘军李续宾部，成了太平军的目标，孤军深入且没有后援，不打你打谁呢？李续宾十天接到咸丰七道诏令，督促他夺取庐州。在太平军绝对优势兵力把手、且布防重重的形势下，仅有八千兵力、且还是刚从九江战场退下来的疲兵的李续宾，是无论如何也不可能夺取庐州的。但李续宾无奈，只能硬着头皮向庐州挺进。9月攻克太湖（安徽太湖县，非江苏太湖那个湖，下同）、潜山（这条线路，后来曾国藩、胡林翼反客为主夺取安庆时，也走过），10月攻占桐城、舒城，进攻三河镇。李续宾一路血拼，加上每占一城需分兵驻守，抵达三河镇时只剩下不到五千人了。

三河镇是军事重镇，距离东侧的巢湖仅十公里，庐州二十五公里。三河镇是庐州和南京的粮食补充基地，不容有失。李秀成、陈玉成集结十万太平军，二十比一，太平军决定打一次歼灭战。

李续宾也意识到了危险，向湖北求援，但此时胡林翼丁忧在家，湖广总督官文坐看湘军就死不救。上有皇帝急令，中有友军见死不救，下有疲惫兵士，李续宾明知是势不可挽，已抱必死之心，给皇帝的奏疏说："我现在兵力不足五千，且还都是连月苦战不得休整的疲惫之兵。三河镇敌军很强，我只能尽力而为了。"李续宾的尽力而为，就是战死。

11月，李续宾血战三河，太平军在三河镇外围的防御堡垒均被击破，但李秀成和陈玉成二十万兵力包抄，李续宾、曾国华（曾国藩的弟弟）战死。湘军精锐毁于一战。安徽全境几乎被太平军占领。

李续宾所部是罗泽南的旧部，是历经百战的精锐之师，三河镇失利，对湘军打击相当严重。胡林翼就说："三河溃败之后，元气尽伤，四年纠合之精锐，覆于一旦，而且敢战之才，明达足智之士，亦凋丧殆尽。"而李续宾与曾国藩感情深厚，曾国藩闻讯是真正的心肺欲裂。

咸丰九年，石达开十万人马高调杀向湖南，实则是想进入四川。咸丰对石达开入川十分紧张，就命曾国藩援川。恰在此时，四川总督王庆云调任两广总督。胡林翼就想为曾国藩谋得四川总督，于是他让湖广总督官文为曾国藩上折奏请。人的交往就是这么奇怪，官文看不惯曾国藩，但跟曾国藩的好友胡林翼却相当对眼，官文海就真上了奏折。结果，咸丰依旧不准，他只想马儿跑得快，但不给草料。曾国藩多方周旋，最终咸丰同意他不去四川。

曾国藩不去四川，除了心里不舒服的原因外，还有自己的打算，那就是谋取安庆，直捣南京。他上书告诉咸丰皇帝，对付有政治主张和地盘的"窃号之贼"，与对付打一枪换一个地方的"流寇"不一样。对付"窃号之贼"，要砍断主根，再收拾旁枝，主根不断，收拾旁枝无用。你看当初太平军内讧，眼看就要完蛋了，来了个李秀成、陈玉成，太平军立即兴旺了起来。所以对付洪秀全，就要直捣南京。怎么直捣南京呢？那就要翻过来先剪除旁枝，比如安庆。怎样解决安庆呢？依然是剪除旁枝。有点绕，咸丰皇帝并不懂，曾国藩也不指望他能懂，只求他别碍事就烧高香了。这是大局，具体到战事上，就是水陆并进，集中兵力形成局部优势，歼灭敌军。从这个部署上，可以看出三河镇一战给曾国藩的影响之大。这个战略的正确，是来自日后的实践。

攻夺安庆之战，由此拉开。曾国荃率先围困安庆，怎么围困呢？依旧是湘军的老办法，挖壕沟。曾国荃先围着安庆挖了两道壕沟，先把安庆围住。然后其余兵力向安庆集结。曾国荃围困安庆，并不急于进攻，实际上进攻也不可能攻克，而是要围点打援，消灭来救援的太平军有生力量。同时，咸丰十年一月夺取太湖、潜山，拿下太湖，安徽陆路供给安庆的障碍就扫除了。五月准备进攻集贤关。就在这时，曾国藩百求不得的东西从天而降，署理两江总督！原来，李秀成击破了江南大营。

咸丰八年，清军重建江南大营后，以和春为提督、钦差，和春举荐何桂清任两江总督。何桂清上任后，两江每月供给江南大营军饷达五十万两之巨，江南大营人数迅速扩充到八万人，武器上也是鸟枪换炮，大量购进洋枪洋炮，大有一副一举粉碎太平军的气势。这也是当初咸丰敢于"弃用"曾国藩的底气之一。可是就在湘军欲行反客为主夺取安庆决战前夕，太平军已经施展围魏救赵，以攻击杭州为名调出江南大营主力，然后集结重兵连夜急攻江南大营。江南大营被破，和春逃后自杀，两江总督何桂清逃亡上海，后被押送菜市口弃市。富庶的苏南落于太平军之手。

江南大营被破后，咸丰皇帝命曾国藩急救苏、常，曾国藩不从，理由就是安庆要比苏、常重要。而两江总督何桂清逃走，这个空缺给谁呢？咸丰皇帝想到的第一人是胡林翼。人跟人还真是没法比，都是汉人，都是依靠湘军起家，都是湘军的领袖人物，胡林翼似乎在哪里都能风生水起，曾国藩却有诸多人见人恨的对手。

最后，肃顺一句话起了决定作用："胡林翼在湖北措注尽善，未可挪动，不如用曾国藩督两江，则上下游俱得人矣。"咸丰不得已，心不甘情不愿让曾国藩署理两江。咸丰皇帝以为，这次下了血本，两江总督都给你了，你该听话去援救苏浙了吧。曾国藩是官可以做，分兵救援那是不行的。此时，夺取安庆，直捣南京这一战略已在曾国藩心中根深蒂固，曾国藩怎肯妥协贻误大局？

咸丰皇帝距离远，似乎还能应付。但与胡林翼的矛盾就有些心理压力了。太平军为了解围安庆，也曾实施了"围魏救赵"战略。具体就是，陈玉成率军从长江北岸，经太湖、英山、霍山进军湖北，猛攻武汉；李秀成则率军从长江南岸，经江西而进入湖北，与陈玉成会师武汉（未能实行）。陈玉成挥师进攻武昌时，身为湖北巡抚的胡林翼也坚持撤去安庆之围，先援救武昌。曾国藩坚决反对，他认定这又是太平军的一次围魏救赵，即便武昌失守，只要拿下安庆就是胜利。

胡林翼也知道曾国藩的决定是正确的，只是身为湖北巡抚而不能救援湖北，心里一关过不去。决心既定，胡林翼夺去安庆以西约五十公里的石牌，胡林翼一向主张"交战宜持重，进兵宜迅速"。他一夜之间夺取石牌，使得湘军水路形成夹击之势。而天堂镇的失守，使得安庆西方陆地防御出现了致命的漏洞。至此,安庆西方的防御力量完全丧失。

紧接着,打破安庆东方防御的战斗打响。水师提督杨载福(受曾国藩节制)率水师猛攻安庆下游的重镇枞阳。太平军叛将韦志俊(韦昌辉之弟)挖开枞阳附近的罗德洲和下首的堤坝,引水进入后湖,使得清军得以水陆并进。枞阳失守,安庆与南京的水路交通断绝,安庆再无东方防御,彻底沦为一座孤城。安庆虽未攻克,曾国藩的反客为主战略,已然完成。

决定安庆命运的决战由此开始。曾国荃围困安庆已经一年多了,安庆城内早已断粮;陈玉成率军三万进入集贤关,攻打曾国荃;陈玉成后面,则是洪仁玕的援军和清军多隆阿厮杀在一起。洪仁玕不是多隆阿的对手,被击败。陈玉成失去了后援也就无以

为继，又败退而回。咸丰十一年八月初一（1861年9月5日），湘军曾国荃部挖地道，炸毁城墙，安庆被破。安庆被破，南京破城就只是时间问题，毫无悬念了。

曾国藩还未及高兴，知己胡林翼病逝了。年仅五十岁的胡林翼于八月二十六日因肺病去世，曾国藩闻讯后，悲痛不已彻夜难眠。对湘军来说，胡林翼是仅次于曾国藩的领袖人物，胡林翼处事通达、思虑纯全，且又较早手握实权。在胡林翼的治理下，湖北成为湘军坚固可靠的后方，尤其是曾国藩被罢职和守制期间，是胡林翼在维持湘军不散，起到核心作用。对曾国藩个人来说，胡林翼甘居其下，即便曾国藩最难的时候，胡林翼依旧坚定地维持曾国藩湘军领袖的地位。胡林翼的去世，于曾国藩和湘军都是巨大悲痛和损失。

太子太傅，一等毅勇侯

咸丰十一年祺祥政变之后，肃顺等顾命大臣或被处死或被罢职，被肃顺看重的曾国藩却再加威权，"钦差大臣两江总督曾国藩，着统辖江苏、安徽、江西三省，并浙江全省军务，所有四省巡抚、提镇以下各官，悉归节制。"让一个汉臣掌握四省军权，这在有清一代极不寻常，曾国藩甚至有些惶恐。后来又因为与沈葆桢的矛盾，加剧了曾国藩的这份不安。

沈葆桢就是经曾国藩极力举荐而一跃成为封疆大吏，江西巡抚。沈葆桢素有名望，他是前两广总督林则徐的外甥、女婿。沈葆桢在江西广信知府任上时，太平军已两次侵袭江西，江西全境仅存南昌、饶州、广信、赣州、南安五个府县，其余八府五十多县皆被太平军占领，江西局势岌岌可危。1856年，太平军将领杨辅清率万余人一路破城夺寨，直扑广信。沈葆桢七战七捷，以少胜多击退杨辅清。经曾国藩保荐，担任知府仅仅一年零一个月的沈葆桢，第二年就升任广饶九南道。

沈葆桢在道台任上的作为，似乎也证明了曾国藩的眼光。后来民众听说朝廷要将沈葆桢道台治所从广信迁至九江，甚至读书人罢考，商家罢市来阻止沈葆桢这位青天离开。有得就有失，沈葆桢在民声颇佳的同时，在官场上却进入了死胡同。他与上司不和，索性于1859年打了辞职报告。这让官场大跌眼镜，正当盛名滔滔之时，且又是三十九岁年富力强之时，竟然挂冠而去。曾国藩当时仅为二品兵部侍郎衔的地方军首领，虽有挽留之心，却无挽留之力。1860年，曾国藩出任两江总督后，即刻请旨沈葆桢前来安庆协办军务。第二年，又保举沈葆桢出任江西巡抚。沈葆桢以前最高官阶为正三品道台，而巡抚往往都是加兵部侍郎衔的，也就是正二品，且是封疆大吏。《清史稿》论及此事时，亦说"超擢（越级提升）"。可是登上巡抚之位的沈葆桢，却恩将仇报来回赠曾国藩的知遇之情。

曾国藩保举沈葆桢，当然是出于公义，但也有私意在其中，不过这份私意也可以理解，那就是为湘军解决粮饷。朝廷早就无力承担湘军粮饷了，湘军粮饷全靠自筹，但实在难以为继，很长时间都是只能发三四成军饷，即便这样，还是动辄欠饷长达数月。沈葆桢就任江西巡抚不到一年，即行发文曾国藩，直截了当：以后每月由江西供给的漕银不给了，理由是江西本省也有军队，也需要钱。

而此时的战场形势是怎样一个情形呢？曾国荃正孤军进攻南京，之所以是孤军，是因为原定的几路协同各军，除了彭玉麟的水师外，均未能到达。曾国荃和彭玉麟一共也不过两万人，不要说攻克南京，不被太平军包了饺子就不错了。曾国藩劝说弟弟要慎重，不可急进，毕竟三河镇李续宾冒进惨败与江南大营被歼的例子时日未久。可是曾国荃一心立功，已然抵达雨花台（举例南京外城不足两公里）。李秀成率兵十余万（号称六十万）回援南京。李秀成亲率主力攻击曾国荃，同时分兵截断曾国荃的粮道和援兵。湘军又突发疫病。处在太平军包围中的曾国荃部，外无援兵，内有疫病，曾国藩忧心如焚，连一向强悍的曾国荃也感觉不妙。幸好湘军水师能够保证补给供应。太平军兵力、武器都优于所围困的湘军，但精锐士气不及湘军，战斗极其惨烈。太平军几番冲击损失了数万人，湘军也损失了五千人（四分之一多战死）。曾国藩没有别的办法，只能全力保障粮食弹药供应。

就在这时，沈葆桢说原来供应的一部分军饷，现在不供应了。曾国藩没想到是这个结果，湘军实在缺粮饷缺得厉害呀，不得已按下火气和沈葆桢商量，一家一半如何？沈葆桢索性不予回答。

曾国藩还没顺过气来，又接到了沈葆桢的通知，每月供应湘军的九江关税（1862年九江开埠）以后也没了，曾国藩本来就捉襟见肘的军费，每月又少了三万两。甚至，已经解到曾国藩大营的，也必须要原封不动运回江西。要知道曾国藩可是两江总督，节制江南军务，又是在战争年代，江西和沈葆桢这个江西巡抚是归曾国藩管的。可是曾国藩又忍下了，把银子退回了沈葆桢。曾国藩私下向左宗棠抱怨说

"初不省其开罪之由",他想不明白什么地方得罪了沈葆桢。

可是还没等曾国藩牢骚几句,沈葆桢的行文又来了,江西每月供应湘军的厘金也没了,就是说曾国藩的军费又减少了十多万两。这次曾国藩不干了,因为没法干了呀,曾国藩统率的湘军十几万,全指望江南三省供应,江苏大部为太平军控制,上海还得养活李鸿章的淮军,安徽也不可指望,粮饷自然要倚重江西。如今江西来了这么一出,还怎么干呢?曾国藩上折抨击沈葆桢"专尚客气,不顾情理,令人难堪",什么意思呢,就是说沈葆桢只顾意气而无大局观念,湘军与太平军决战前夕,竟然三番两次减少对湘军的粮饷供给,将会动摇围困南京的局面。

朝廷各打五十大板,厘金江西和曾国藩湘军一家一半。这个结果让曾国藩心寒。

曾国荃在南京久久没有战果,李鸿章和左宗棠分别在江苏和浙江却战功彰显,朝廷不断催促曾国荃进攻。并非曾国荃不想进攻,他比谁都想早日拿下南京城,可是哪里那么容易。曾国荃总算解决了南京外围的防御工事,可是面对坚固的南京城墙,一筹莫展。除了不断地挖地道,并没有别的办法,可是太平军谨防死守,对反击湘军的地道战也有相当丰富的经验。

后来曾国荃兵力增加到五万余人,恰逢洪秀全病死,于是抓住时机,终于在同治三年六月十六日(1864年7月19日),通过地道炸开南京城墙,占领南京。曾国荃部在南京城烧杀抢掠数日,南京城内一片凄惨。

终于大功告成，曾国荃仰天长叹，曾国藩也百感交集。可是朝廷一记闷棍打蒙了曾国荃。曾国荃报捷的折子递进京城，六月二十六日朝廷的旨意下来得也快，"贼首还没擒获，你就急于表功？如果因为你的兵士进城抢掠财物而耽误擒贼，导致功败垂成，拿你曾国荃是问！"曾国荃一下就懵了，怎么会这样？还没等缓过神来，朝廷七月一日又补了一刀："希望曾国藩能慎始慎终，对曾国荃这些部署也要勤于管教着点。"

这且不算，朝廷还要追究南京太平军所积累的财富取向，同时要湘军汇报历年来的收支明细。这就要命了，财富被曾国荃抢了，军费报销更是无从谈起，湘军将领都死过几茬了，行军打仗哪里有什么收支记录？

这里面既有朝廷的权术、敲打、防备之计谋，也有曾国荃自己实在过分的缘由。攻克南京后，曾国藩晋太子太保、授封为一等毅勇侯世袭罔替，曾国荃加太子少保、授一等威毅伯爵。曾国藩兄弟所受朝廷"恩遇",有清一代汉臣中再无第二。朝廷有防范之心。曾国荃好杀、纵兵抢掠也是事实。曾国藩曾对咸丰皇帝说,湘军兵士并非为了什么情谊,而是为了利来的。所以曾国藩开始就制定厚饷养兵,没钱谁跟你干啊。可是曾国荃所部吉字营的残酷与贪财却到了令人发指的地步。每取一地,必纵兵抢掠,南京城几乎被他们搬空了。不仅是太平军将兵,普通百姓为湘军所杀一路可见。因此,朝廷对曾国荃的申斥也不算冤枉他。当然,之所以早不申斥,偏在大胜之后申斥,敲打的意味就更明显了。曾国藩深知这一点,同时,现在的湘军军纪也已经败坏不堪,与初期已是云泥之别。基于这两点,曾国藩此时已经下定决心裁撤湘军了。

果然,七月曾国藩裁撤自己与曾国荃直属的湘军,水师则交给朝廷,朝廷的态度大为改观,曾国荃的责任也不追究了,湘军也不用报销账目了。

武英殿大学士,直隶总督,谥号文正

同治四年(1865)四月,曾国藩接到旨意,安徽北部、河南东部北上平捻。

捻军活跃时间几乎和太平军同期,起于安徽,主要活动于山东、河南、江苏和安徽四省交界地带。太平军失败后,部分加入了捻军,捻军势力增加。清朝廷以为平定捻军费不了多大功夫,谁知硬生生配上了一个能征惯战的亲王,僧格林沁。这才有些急了,又想起了曾国藩,忙又一次给了曾国藩节制四省的军权"所有直隶、山东、河南三

省旗、绿营及各地方文武员弁，均着归曾国藩节制调遣"。

曾国藩此时并不想前往了，一是自己原来率领的湘军基本已经裁撤完毕了；二是湘军军纪已然败坏，用起来不如以前顺手了；三是捻军跟当初太平军的战术不同，需要时间准备。朝廷急催之下，曾国藩无奈前往。

曾国藩与僧格林沁的战法不同，僧格林沁是一拳打出去，免得百拳来，一路追杀。曾国藩则是蚕食战术，对捻军赖以休整的安徽北部等地逐个清理，不给捻军补充休整的机会。这本是治本的方法，缺点是见效慢。朝廷于同治五年十月，下诏命曾国藩返回两江总督任上，平捻一事交由江苏巡抚李鸿章。后来，李鸿章虽有洋枪洋炮，依旧采用曾国藩的方法才平定了捻军。

同治七年（1868）七月，武英殿大学士、一等毅勇侯曾国藩调任直隶总督，曾国藩抵达京城，已是阴历年底。新年后，同治皇帝设宴招待群臣，曾国藩排班汉臣之首。朝廷调曾国藩任直隶总督，一是练兵，二是整顿吏治。曾国藩也想有一番作为，可是很快就被一件事情给打断了，而且这件事情在当时几乎断送了曾国藩几十年来积累的名声。这就是天津教案。

随着列强的入侵，外国传教士进入中国，建立教堂，传播宗教。法国天主教于同治八年（1869），在天津建有望海楼天主教堂。第二年，直隶大旱，民间流传是洋教堂得罪了老天爷导致天旱。紧接着，又流传出法国修女建立的仁慈堂，专门骗小孩关在地窖里，挖取眼、心等器官做药。风言愈传愈烈，夹杂着一直以来对洋人的不满，民间情绪越来越激烈。同年，一名拐卖儿童的人犯，武兰珍被抓获。他供认是迷药是来自望海楼教堂，一时民意沸腾。事情闹大，天津知府张光藻本就倾向于相信天主教堂有不轨行为，于是押武兰珍前往教堂对质。对质的结果就是，武兰珍所说，并不能得到证实。

此时法国领事丰大业闯入，竟然向中国官员开枪，出门后又开枪射击天津知县刘杰。本来就酝酿已久的情绪瞬间爆发，周围的百姓如潮水涌向丰大业，将丰大业及其随从打死，继而冲进教堂、法国领事馆，以及英美等国的讲书堂，共计二十名外国人被打死。

法美英俄等国向清政府照会抗议的同时，各国军舰开始向大沽口集结，战争似要一触即发。在这种情况下，清廷命曾国藩"妥筹办理"天津教案。此时，曾国藩右眼失明，左眼视力也不好。幕僚都劝他不要接手这个差事，于外，弱国无外交；于内，清议、民情已然没有了回旋的余地。但曾国藩毅然前往。

曾国藩首先把天津地方官撤职，地方官没有实据就贸然告诉民众所谓的"挖眼剖心"属实，属于误导民意。其次就是查实，所谓的"挖眼剖心"是无稽之谈，没有一个人有教堂残害儿童的证据或亲眼所见，没有一家的孩子是被教堂骗走的。相反，教堂收养遗孤，还算是善举。然而朝廷公布的邸报上，却把曾国藩的考证删除，只保留曾国藩的结论。曾国藩不为国人说话，竟说洋人来华是善举？曾国藩，国贼也！实际曾国藩成了朝廷推卸责任、转移仇恨的靶子。

曾国藩看到邸报后，病情加重，奏请李鸿章前来天津处理教案一事。恰逢两江总督马新贻遇刺身亡，朝廷下旨令曾国藩回两江总督任上，李鸿章接任直隶总督。但，曾国藩须得处理完教案后，才能卸任。最后，糊里糊涂杀二十人，徒刑二十五人，以平列强愤怒。曾国藩私下给"人犯"家中送去五百两"恤家银"，给撤职发配的天津知府、知县一万三千余两。天津教案，以这样一个结果收场，曾国藩一向标榜"天地之所以不息，国之所以立，圣贤之德业所以可大可久，皆诚为之也"，其内心愧疚之窘状，无以言表。以当时情势，欲求两全之法，实在不易。

天津教案，使曾国藩不得不承认一个事实，清政府气数已尽，再难挽救，"补救无术，日暮道穷"。回避不是曾国藩，同治九年（1870），曾国藩上书提议向西方派遣留学生。这也是曾国藩为这个没落的王朝，为中华民族将来的新生所做的最后一件事了。

同治十一年二月初四，即1872年3月12日，曾国藩逝于两江任上，享年六十二岁，谥号"文正"。

从豪杰到圣贤的胡林翼——胡林翼小传

任职贵州

嘉庆十七年（1812），胡林翼出生在湖南益阳市泉交河镇胡家湾，比曾国藩小一岁，同属长沙府人。其父胡达源是嘉庆二十四年探花（一甲三名进士），官至少詹事。胡林翼从小就受到比较系统的教育。八岁时，被当时还是兵备道的陶澍一眼看中，约定娃娃亲。十九岁时与陶澍之女完婚。二十一岁时，陶澍任两江总督，胡林翼在南京游历

一年。道光十六年（1836）中进士，授翰林院编修。曾国藩两年后，也入翰林。

青年时期的胡林翼颇多传奇，据说他在南京时，时常流连烟花场所，岳父陶澍以其大才者不拘小节，竟不过问。另有记载，胡林翼在北京翰林院时，曾经在娼家被抓了个现行，因不敢报出实名，备受侮辱。

与传说的风流不羁不同的是，胡林翼在翰林院很快就风生水起。胡林翼被点了学差（江南乡试副主考），这是翰林出人头地最好的出路了。此时的曾国藩还在熬资格。可就因为这次乡试，胡林翼的运气急转直下。因为主考作弊，胡林翼也被降级使用，前途一片漆黑。接着，父亲过世，胡林翼回家守制，一时颇为消沉气馁。

后经有人凑份子，以一万五千两银子捐了一个知府。按照当时体例，捐官可以挑选地方任职，胡林翼选择去贵州任职。当时的贵州，有一句俗语，天无三日晴，地无三尺平，人物三分银，是典型的穷山僻壤之地。官场的不顺，父亲的过世，胡林翼相比于原来的名士风流，更多了些深沉。

胡林翼与曾国藩同在翰林院，又都是长沙府老乡，两人交往应该是有的，但肯定并没有太多的交情。胡林翼离京，捐纳贵州任知府时，曾国藩后来居上已是礼部侍郎。大约反己修身、勤俭持家的曾国藩，跟富家风流的胡林翼互相不对眼也是有的。否则，就不会有两人再见面时，那份意外惊喜了。

胡林翼的官虽然是捐纳来的，可是胡林翼毕竟是进士"正途"出身，出发前又有一番宏愿，要以"礼法"平治一方，以为他到了贵州必然于文事一端痛下功夫。谁知，胡林翼到了贵州后，一头扎进武备上去了。胡林翼到贵州后，历任安顺、镇远知府时，安顺大旱，当地盗贼猖獗，胡林翼先解决民生问题，带头捐款修筑水渠，解决了灌溉缺水的问题。其后，胡林翼腾出手来解决盗贼问题。他只用一手就使当地形势大为转好，这一点就是"用兵不如用民"。胡林翼认为，用兵只是治标，剿灭一处另一处又起，劳民伤财且不见功效。用民才能解决根本，具体说就是优先努力让百姓吃得上饭，穿得上衣，百姓就不但不会加入盗贼，反而会保卫家园。具体实施上，有两点：一是举办团练，虽说用民是根本，但兵还是必须的，临门一脚是必须要用兵来解决的；二是强化保甲制度，即商鞅所谓的编户齐民。最后，胡林翼亲率团练剿匪，胡林翼经常进入深山老林里艰苦剿匪，到任仅一年，捕获有名的大盗已达两百多人。史料记载："一郡肃然，盗贼衰息。"在贵州七年的时间里，武备是胡林翼的主要事务，积累了一手的经验，成效卓著。据说胡林翼的名望远播京城，连京城里的咸丰皇帝都知道贵州有个能干的知府。京城尚远，但胡林翼的确被当时的云贵总督吴文镕认可了。

胡林翼的能力是一回事，处在贵州僻远之地，能让京城的人都知道这又是另一回事。胡林翼善与人交可见一斑。孔子曾说晏婴，"晏平仲善与人交，久而敬之"。胡林翼的这一长处在日后与曾国藩共治湘军时，发挥了重要作用。

湖北巡抚

咸丰三年（1853），太平军攻克武昌（后被湘军夺回）后，又占据了南京。吴文镕被调任湖广总督，奏请调任胡林翼率军援鄂。胡林翼率六百人到湖北时已是咸丰四年，吴文镕已经在黄州战败自杀。这就尴尬了，他自己这六百来人是无论如何也不能独立抗敌的，况且吃饭都成了问题。

此时曾国藩编练湘军初步有成，正率水师、路营各五千（十营之数），各式战船三百余艘，洋炮五百多门，外加后勤保障等，共计一万七千余人，开始"东征"。曾国藩毫不犹豫施以援手。两人本是旧相识，只是昔日的交往不过白头如新，而此次两人的一番交谈，顿生倾盖如故之感。也就是从这个时候开始，胡林翼正式加入湘军，这个后来者成为湘军的第二领袖。

曾国藩认为胡林翼有大才，奏请胡林翼单独统领一军，随自己一起"东征"。湘军沿江东下战事顺利，虽然经历了靖港失败，但塔齐布与周凤山，得到彭玉麟、杨载福指挥水师洋炮助战，夺取湘潭城。随后十战十捷，以不足万人击溃太平军精锐林绍璋部，林绍璋部三万余人全军覆没。湘潭失守，靖港太平军惊慌撤走，长沙之围随即解除。六月，攻克岳州，七月夺取城陵矶，八月收复武昌、汉阳。任命曾国藩署理湖北巡抚（代省长），曾国藩署理了不到九天的巡抚就又被咸丰收回了，"曾国藩着赏给兵部侍郎衔，办理军务，毋庸署理湖北巡抚"。

湘军一路猛冲到了九江。塔齐布、胡林翼率军对九江展开强攻，但太平军防守严密，湘军的攻城屡屡受挫。接着又经历了湖口惨败，曾国藩率兵退守南昌。太平军乘势再次杀入湖北，并于咸丰五年二月再次攻克武昌、汉阳，湖北巡抚陶恩培战死。胡林翼率军援救武昌，不久，曾国藩求之不得的湖北巡抚落到了胡林翼的头上，朝廷下旨胡林翼署理湖北巡抚。从咸丰四年（1854）二月至咸丰五年（1855）三月，胡林翼由知府至巡抚，一年五迁！这就是胡林翼的过人之处，有的人只会满头苦干却不落好，有的人只会钻营却不能做事，有的人运气不济怎么做都走背字，胡林翼却是既能做事，又能得名。

一跃成为封疆大吏自然高兴，可是面对的局面却让胡林翼一筹莫展。攻武昌无果，攻汉阳又被太平军围魏救赵逼退回金口大营。太平军趁势冲击，胡林翼所部因为欠饷兵士逃亡过半。面对强敌，胡林翼毅然裁撤掉不堪一用的旧勇，派悍将鲍超重新招募兵士三千人。可是兵力依旧严重不足，胡林翼向曾国藩求援。这让曾国藩颇有些犯难，湖口一战，精锐损失得差不多了，曾国藩当时自身难保，身边连护卫也没有。但曾国藩毅然派罗泽南率本部兵马前往救援胡林翼，不但同意让罗泽南率部前去，还将塔齐布遗部一千五百余人拨给罗泽南，并派好友刘蓉随同参赞。罗泽南率令的六千精兵，成了胡林翼的起家本钱，胡林翼后来克武昌、取九江、谋安徽，直到夺取安庆，所依仗的就是罗泽南所部精锐。足见曾国藩的胸襟、气度、格局非常人所能比。

本来是给曾国藩的湖北巡抚，被胡林翼"抢"了去，曾国藩不能不说有点心酸，可是曾国藩更多的则是由衷的高兴。既然咸丰皇帝看不中自己，那么胡林翼任湖北巡抚，这对湘军来说，已然是最好的结果了，后来的事实也说明了这一点。曾国藩当时依靠手下两支军队，一是塔齐布所部,一是罗泽南所部,塔齐布已经战死,现在又将罗泽南拨给胡林翼,曾国藩在江西就没兵可用了。胡林翼"抢"曾国藩的巡抚,也并无扭捏之态,反而急难之时向曾国藩求助,也正是基于他对曾国藩的认识。郭嵩焘说胡林翼:"待人一秉大公,推诚相与,无粉饰周旋。"果然不虚。

即便得到了罗泽南的五千兵马,面对武昌太平军的优势兵力,胡林翼也没有更好的进攻方法。罗泽南就在强攻武昌时,被炮弹击中身亡。胡林翼一直艰苦围困武昌一年,使武昌城内太平军粮食、弹药几乎断绝。其后不久,胡林翼抓住太平军南京内讧的时机,一举攻克武昌,顺势肃清湖北全境。胡林翼署理巡抚也变成实授巡抚。经过胡林翼的苦心经营,湖北由"天下第一破烂之鄂",变为"天下第一富强之省",湖北从此成为湘军最为可靠的后方,直到胡林翼去世。胡林翼另一难能可贵之处,就在"不争"。胡林翼已是实权在握的

封疆大吏，权势远非曾国藩带兵的侍郎衔可比，可是胡林翼处处以曾国藩为首，拥护曾国藩湘军领袖的地位。

曾国藩把精锐与大将派给了胡林翼，他在江西很快就陷入绝境。咸丰五年十月，石达开强势进入江西，到咸丰六年三月，江西半数之地已为太平军占领，曾国藩所部值得困守在南昌、南康两地，而且与外界联系被切断，生死未知。曾国藩数次派人求援，大多被太平军识破，上百人被杀。胡林翼闻讯后，随即拨出四千兵马驰援曾国藩，这才打通了南昌与湖北、湖南的通道，曾国藩这才绝路逢生。

脱离绝境的曾国藩依旧碰到老问题，没有地方实职，粮饷无法自行筹措，又与江西官场闹僵，恰在此时曾国藩的父亲过世，曾国藩一怒之下不待朝廷批准，自行回家守孝去了。幸亏胡林翼和骆秉章（此时左宗棠已经入幕骆秉章）不断为其说辞，才没被治罪。

后来曾国藩上书《沥陈办事艰难仍恳终制折》给咸丰皇帝，要想让我干活，得我给实权，这下惹恼了咸丰。胡林翼为曾国藩辩护，多次上书奏请启用曾国藩，没有被采纳。曾国藩有些心灰意懒之时，胡林翼一直没有停止为曾国藩的复出周旋。曾国藩离开后，胡林翼就成了湘军的核心和领袖，他一边苦心经营不使湘军离散，一边绞尽脑汁为曾国藩谋划督抚实差。李续宾用四个字形容当时的形势，"时事大艰"，湘军水陆各军能够凝聚不散，全赖胡林翼。

很快机会来了。咸丰八年（1858），石达开二十万兵力进入湖南，意图进入四川。一旦石达开进入四川，扼守长江，威胁湖北，与南京太平军成呼应之势，这个后果是清政府所不能承受的。胡林翼谋划让曾国藩带兵入川，谋取四川总督职衔。可是他与曾国藩的关系天下皆知，前几次上书都是无果而终，他转而让湖广总督官文上奏朝廷。可是官文跟曾国藩是死对头，官文怎么会为曾国藩说话呢？官文还真就上书了。

这里不得不再次提及胡林翼的"善与人交"。有清一代，督抚的设置天生具有不可调和的矛盾，总督原则上比巡抚位高，可是巡抚又不是总督的属员，二者并不是严格的上下级关系。所以，总督与巡抚关系好的寥寥无几。胡林翼与两广总督官文也是这样的形势，而且两人的官署都在武昌城。可是胡林翼的巡抚做得有模有样，在湖北一言九鼎，官文非但不干涉，反而两人关系还相当不错，官文对胡林翼言听计从。胡林翼对付官文就两点，给钱财，给功劳。官文贪财他不管，自己有了功劳把官文排在第一名。

胡林翼决心为曾国藩争取四川总督，甚至说不得总督就不入川。后因咸丰对曾国藩成见太深，只让曾国藩干活，不给名分。胡林翼便主张曾国藩不去四川，转战安徽。由此，拉开了两人日后谋取安庆的大战略。

咸丰之所以咬紧牙关不给曾国藩实职，因为此时湘军与清军各自进展顺利，前者攻克了九江，进而收复了江西全境。江南江北大营兵力扩充，武器装备精良，搞得有声有色。既然如此，曾国藩作用也就不大了。可是江北大营很快就被太平军李秀成、陈玉成部攻破，并且夺取了庐州（合肥）。湘军李续宾部又遭遇三河镇覆灭，胡林翼闻讯悲叹："三河溃败之后，元气尽伤，四年纠合之精锐，覆于一旦，而且敢战之才，明达足智之士，亦凋丧殆尽。"

这时，胡林翼再次拉出官文，劝说咸丰让曾国藩留在安徽，不去四川。这次咸丰总算同意了。曾国藩感慨："到九年与鄂合军，胡咏芝（胡林翼）事事相顾，彼此一家，始得稍自展布以有今日，诚令人念之不忘。"

谋取安庆

安庆外围战打响，胡林翼先夺去安庆以西约五十公里的石牌，和西北方的天堂镇、潜山，控制了太湖。湘军先是攻取太湖、潜山，其后胡林翼一夜之间夺取石牌，使得湘军水路形成夹击之势。而天堂镇的失守，使得安庆西方陆地防御出现了致命的漏洞。至此，安庆西方的防御力量完全丧失。但在咸丰的眼里，湘军的功劳都比不上他心爱的江南大营的功劳。江南大营却攻占南京南北往来和水陆出入的咽喉——九洑洲，形成了对南京的合围，形势一片大好。这种认知差异，来自胡林翼、曾国藩与咸丰皇帝对时局的判断和措施实施。咸丰皇帝的想法很简单，聚集兵力直捣南京，所以他热切期待江南大营再进一步，克复南京城。

胡林翼这时反倒安慰曾国藩说："东南成功尚早，我辈自行其志，不睬他人！"胡林翼对江南大营却有深刻的认识："将骄兵惰，终日酣嬉，不以贼匪为念。或乐桑中之嬉，或恋室家之私，或群与纵酒酣歌，或日在赌场烟馆。淫心荡志，乐极忘疲，以致兵气不扬，御侮无备，全军覆没，皆自宣淫纵欲中来也。"据说，西方牧师这样描述江南大营："不像军队，形同市集，吃喝玩乐，大烟娼赌俱全"。胡林翼一句"东南成功尚早"，一是表明他不认为江南大营有这个能力；二是坚定谋取安庆，沿江直抵南京的战略。后来，江南大营果然被太平军击破。

湘军谋取安庆的战略，有两个部分，一是集中优势兵力形成局部优势占领要地，二是围点打援。真正夺取安庆的决战反而分量最轻。胡林翼说："用兵之道，全军为上策，得土地次之；破敌为上策，得城池次之。"他不以得城得地至上，而以消灭敌军有生力量至上。具体说来，就是一支军队围住安庆，吸引太平军前来救援，其余湘军主力则消灭前来援救的太平军。只要消灭了敌方力量，失地自然能够收回；如果不能消灭敌方力量，失地即便夺回也会重新沦陷。胡林翼在湘军中首次把这一思想明确下来。在这一点上，胡林翼和曾国藩认识一致。

就在胡林翼与曾国藩谋划安庆的时候，咸丰十年五月，江南大营一夜之间被太平军覆灭，彻底粉碎了咸丰依靠正规军覆灭太平军的美梦。太平军进攻围困安庆的湘军无果，转头进入湖北，再施展"围魏救赵"之计，直扑武昌。武昌只有三千余兵力，危在旦夕。胡林翼急火攻心咳血不止。胡林翼的肺病由来已久，这时更加严重了。无可奈何之下，咸丰授曾国藩兵部尚书衔、署理两江总督。胡林翼闻讯，"气息为之一壮，耳目为之一明"，久为肺病折磨的身体竟然好了不少。他知道曾国藩历来谨慎，可是非常时期就应该"包揽把持"。

凝聚湘军——和心，和人，和事

胡林翼的人格天生有一种向心力，不单单是湘军内部甘心归服，即便敌视湘军的人物，如两广总督官文等，他们可能对湘军有看法，对曾国藩有看法，但对胡林翼却都相当不错，他们不是不知道胡林翼在湘军中的地位和影响，却依旧与胡林翼交好，这大概就是传说中的人格魅力了吧。

随着湘军水师的发展，当初曾国藩成立水师时外省籍的将领和普通兵士死的死伤的伤，已然不多了。但是水军统帅却还是"外来人"——李孟群。李孟群是河南人，湘军悍将，素有威名。曾国藩成立湘军水师时，李孟群率广西水勇千余人加入，成为湘军统领。湘军排外情绪越来越严重，湖南巡抚骆秉章就直接以李孟群不是湖南人为由上奏，建议改由湖南籍的杨载福、彭玉麟统领湘军水师。咸丰皇帝没有理会，但问题还得解决。最终还是胡林翼解决了这个问题，调李孟群统领陆师，然后让杨载福统领长江水师，彭玉麟统领内湖水师。李孟群职权未变，湘军水师也安稳了。

刚解决了排外问题，水师内部的矛盾又来了。咸丰五年，湘军水师攻打九江时，遭遇湖口惨败。彭玉麟的战船桅杆被太平军打折，失去了动力。恰好杨载福的战船经过，彭玉麟大声呼唤，杨载福假装没听见，迅速离去。彭玉麟幸亏部下舢板相救才脱离危险。

两人是湘军水师的核心人物,两人的不和引起胡林翼的担忧。胡林翼亲自设宴,百般劝和,两人此后才没有因为个人意气而影响战事。

曾国藩与李鸿章的矛盾,是因为一个地方,一个人物。地方就是祁门,这个人物就是李元度。

咸丰十年(1860)五月,曾国藩进驻祁门。祁门位于安徽南部,与江西景德镇相接,是江苏、浙江、安徽、湖北、江西五省居中之地。李鸿章当时为曾国藩幕僚,他认为曾国藩湘军大营设在祁门甚是不妥,"祁门四周高山,宛若处于碗底,这是兵家所谓的绝地"。但曾国藩有自己的考量,他刚升任两江总督,但两江富庶之地尽被太平军占有,他这个新上任的两江总督把大营设在祁门,就是要表明自己的态度。但曾国藩还是低估了危险,要不是左宗棠在景德镇抵住了湘军的进攻,转入攻势,曾国藩极有可能就葬身祁门了。

李鸿章为什么因为李元度和曾国藩闹翻了呢?这里面还有一段恩怨。李元度不听曾国藩安排,导致徽州丢失,曾国藩的祁门大营差点被太平军端了底。而且,李元度失败后,竟然没有收集聚拢败兵回祁门,反而逃了。这让曾国藩无法接受。李元度本是曾国藩极为倚重、极为亲近之人,曾国藩曾用"三不忘"来表达他对李元度的感激。曾国藩戎马生涯有三次大难,一是靖港之败,二是湖口之败,三是祁门几乎全军覆没。前两次失败,曾国藩每次都跳水自杀,李元度于他有救命之恩。而且李元度是死心塌地地跟随曾国藩,曾国藩得到不公平对待时,他暗自为曾国藩痛哭,曾国藩危险时,他亲自招募平江勇保护曾国藩安全。李元度博闻强识、学问精深,是最早跟随曾国藩的,并且作为高级幕僚还是很有能力的。现在曾国藩要弹劾他，李鸿章不干，屡屡劝说，曾国藩执意不听（曾国藩弹劾了李元度，但两人最终又交心如初）。李鸿章愤而离去。

李鸿章离开后，胡林翼先是写信劝说他："你是有大才的人，日后富贵不可限量那是现在都能看得见的。只是我希望你现在不要离开涤生（曾国藩）。你虽然日后必会发达，但涤生这里就是你进身的台阶啊。"实打实的大实话，没有一个字的废话。回过头来又劝曾国藩，说李鸿章还是可用之才，不要因为意气闹了生分才好。李鸿章后又回到曾国藩大营，曾国藩保举李鸿章江苏巡抚。

左宗棠与曾国藩从一见如故到分道扬镳，历经了一个回旋后远去的弧线。曾国藩功未成，名未显，甚至兵败受辱时，左宗棠的能力给了曾国藩很大的助力，而曾国藩对左宗棠也是极力赞扬、保举。两人最后的分道扬镳，主要是见解不同和左宗棠自傲的个性。

早在咸丰三年，曾国藩举办团练之初，左宗棠已经在湖南巡抚张亮基做幕僚了。左宗棠评价曾国藩说："曾涤生为人正派，又肯做实事，我们俩相见恨晚啊。只是他的才具稍差了点。"这就是左宗棠的风格，即便跟曾国藩关系最好的时候，说话也那么实在。当时张亮基对左宗棠这个幕僚是言听计从，对曾国藩帮助的确很大。曾国藩则向朝廷为左宗棠表功，说他"才能谋略当世无双"。

后来骆秉章回任湖南巡抚，左宗棠成了骆秉章的幕僚，骆秉章对左宗棠更是大撒手，完全听之任之。但骆秉章与曾国藩是有矛盾的，骆秉章身为一省巡抚，自是把湖南的民政、财政、司法视作自己的势力范围，可曾国藩练兵日大，要解决粮饷不得不触及本是骆秉章的权力。骆秉章与曾国藩有矛盾时，左宗棠自然是站在雇主骆秉章一方。但左宗棠也并非无原则，相反他协助骆秉章治理下的湖南，成了太平军最难立足的省份，成了湘军坚实的后方，要兵有兵，要粮有粮，要钱有钱。

左宗棠对曾国藩一直是有看法的，当然左宗棠几乎对谁都有看法，他自负太深，且又秉性不那么宽和，嘴巴就厉害了些，行事就苛责了些。咸丰七年二月，曾国藩湖口惨败，又逢父亲过世，曾国藩委屈恼怒之下索性回家去了。左宗棠闻讯对曾国藩严厉批评：曾国藩行事不合大义，哪里能一句回家守孝就撂下军队回家了呢？如果人人都像你这样，军队还是军队吗？

左宗棠与胡林翼不同，胡林翼能够站在当事人的角度考虑问题，左宗棠往往是就问题说问题。督抚，无论于曾国藩还是于湘军，那都是必需的，否则就名不正言不顺，言不顺事不成。胡林翼理解甚至赞同曾国藩的做法，左宗棠则只是在"应该"与"不应该"上做文章，丝毫不考虑曾国藩的难处。要知道，曾国藩保举左宗棠自立门户，自行募兵五千的时候，先是给左宗棠争取了单独上折和独立筹饷两项权力的，否则就根本无法带兵。那时的左宗棠不了解这点。后来左宗棠与曾国藩又是小矛盾不断，这其中，多亏有胡林翼的劝和。胡林翼就认准一点，曾、左都是大才，两人闹不和于湘军不利。他一边劝左宗棠说，曾国藩是咱们湖南第一等人，位高权重又肯干事，受人议论再寻常不过，庸人才无人议论呢。回头又劝曾国藩说，左宗棠性格急躁了些，做事稍显不那么宽和，但左宗棠是有大才的人。左宗棠日后成为湘军第三号人物，与胡林翼的调和作用是分不开的。

曾国藩与胡林翼的关系自是不必说，左宗棠为何听胡林翼的劝说呢？这里面有个缘由，一是他们俩有间接亲戚关系，胡林翼是陶澍的女婿，左宗棠是陶澍的亲家。二是胡林翼以诚待人。左宗棠在骆秉章幕府时，风头太盛，结果惹上了官司。湖广总督奏请湖南永州镇总兵樊燮为提督，湖南巡抚骆秉章则上折弹劾樊燮，致使樊燮被罢职。有的说左宗棠让樊燮给自己以跪礼报事，有的说左宗棠打了樊燮一耳光，不管如何，在官文的操控下，樊燮把左宗棠告了。一个没有公职的举人，敢让正二品的总兵官下跪或"赏赐"耳光都是难以理解的，结果咸丰下旨，说如确有此事，就地正法。这一下，问题就凶险了。

胡林翼理了下思绪，得分两头解决，湖南这边要安抚好官文，咸丰那里得有人说话。于是援救左宗棠的行动开始了，胡林翼先去给官文戴高帽，胡林翼一直维持着与官文的良好关系，他对官文说："您的气度与高风亮节，谁人不知呢？左宗棠并非坏心地的人，能力、才华都是有的。我为左宗棠求情，也没什么大道理，全是我的私情，您就看在我的面子上，别计较啦好不好？"官文早就习惯听从胡林翼的意见了，所以他这里算是把左宗棠放下了。京城那边，胡林翼又找军机大臣肃顺，又把咸丰忽悠过去，这件事情算是了结了，否则也就没有日后的左宗棠了。

基于亲戚关系，更是因为胡林翼的人格魅力，左宗棠虽然对胡林翼也有微词，但基本还是与胡林翼保持了良好的关系。

胡林翼对湘军的团结，对曾国藩、左宗棠成就功业，都起到了非常大的作用。《清史稿》说："胡林翼综核名实，干济冠时。论其治事之宽严疏密若不相侔，而皆以长驾远驭，驱策群材，用能丕树伟绩。所莅者千里方圻，规画动关军事全局。使无其人，则曾国藩、左宗棠诸人失所匡扶凭藉，其成功且较难。缅怀中兴之业，二人所关系者岂不巨哉？"

未竟全功，遽就溘逝；功勋卓越，名播寰区

咸丰十一年八月初一（1861年9月5日），湘军占领安庆。曾国藩推胡林翼为首功，加太子太保衔，给骑都尉世职。此时的胡林翼已经病入膏肓，咳血不止。咸丰病死消息传至时，胡林翼悲痛不已，与对待曾国藩不同，咸丰对待胡林翼是出奇的好，甚至考虑两江总督人选时，咸丰想到的第一个人就是胡林翼，而不是曾国藩。正因如此，咸丰去世成了压垮他的最后一根稻草。咸丰十一年八月二十六日（1861年9月30日），年仅四十九岁的胡林翼病逝。

曾国藩日夜悲戚，难以自抑，痛呼："从此共事之人，无极合心者矣！"

平生慷慨班都护，万里间关马伏波——蔡锷小传

39年前，缘于一部电影《知音》，蔡锷一夜之间无人不知、无人不晓。电影中，蔡锷风流倜傥、儒雅果毅，一心救国；小凤仙仪容姣好、多才善艺，侠骨柔肠。两人于机缘巧合之下相遇，从而演绎了一段相

知相爱的美好故事。小凤仙一曲"高山流水"，含泪送知音，暗助蔡锷逃离袁世凯的虎口。蔡锷去世时，小凤仙琴弦崩折，心有灵犀，泪如泉涌。

这实际上是古代话本中"才子佳人"叙事故事的继续，蔡锷短暂的一生中，有太多的事情要做，并没有精力与时间来演绎别人眼中的爱情故事。

少年蔡锷

1882年（光绪八年），农历十一月初九，一个男孩降生在湖南邵阳一个普通的家庭。父亲是个裁缝，母亲则在家酿米酒和磨豆腐换取银钱补贴家用。家里的日子没有那么富裕，可也没有那么拮据，第一个孩子的到来，使这对夫妇品尝到了为人父母的喜悦，父亲给孩子起了一个名字，艮寅。从父母给他起的名字，粗略可以知道除了他家境没有那么差外，还可以知道父母或父亲是读过书的。

这一年，10岁的梁启超去广州参加童子试（考中之后为童生，就有了考秀才的资格），结果没考中。45岁的张之洞在山西巡抚任上，已经干了两个年头。51岁的陈宝箴在河南道台任上，捐资创办了学堂（他似乎对创办学堂很热衷，走到哪里就创办到哪里）。上海有了第一家电报局和电话局。德、奥、意三国在维也纳签订了《三国同盟条约》，32年后终于派上了用场，被称为第一次世界大战。这是一个世界巨变的时代，然而在中国形成共识，还得等待18年时间。

小艮寅出生时，天象没有什么异常，没有七彩祥云，也没有五色气蕴。这个孩子后来的表现，却印证了那句话，平凡中孕育着伟大。

小艮寅5岁时，家里陆续又增添了两个男孩。出于生活的压力，父亲携带全家迁到了100多公里以外的武冈。又过了两年，小艮寅便跟同龄的孩子一样，入私塾读书了。小艮寅很快就表现出了异于同龄人的聪明。

据说，小艮寅三四岁时就能联对。一天父亲顶着小艮寅去买笔墨纸砚，店家看到小艮寅骑在父亲的脖子上，随口说道："子将父作马。"小艮寅张口接道："父望子成龙。"店家惊诧于小艮寅的敏捷，将一套文房四宝赠送给他。

少年时候的艮寅学问功底扎实，才思敏捷是一定的，他12岁那年考中了秀才。他后来的老师，大学问家梁启超也是12岁考中秀才。当然，像明朝杨廷和12岁中举，19岁中进士这种开挂的人物，属于超级人种。

艮寅考中秀才这一年，正值中日甲午海战，清帝国筹备多年的北洋舰队惨遭覆灭。次年，《马关条约》签订，一时舆论沸腾。北洋舰队的覆灭，宣告了清帝国有志之士兴办"洋务运动"救国一途的完结。12岁的艮寅，此时未必能够全然了解个中利害，但动荡的局势很快就吸引了少年艮寅的兴趣。

艮寅16岁时，报考了湖南时务学堂。时务学堂是相对开明的官僚湖南巡抚陈宝箴、两江总督刘坤一和乡绅支持创办的，虽然这些人骨子里依旧保守，但毕竟不再自欺欺人地装睡下去，想睁开眼看看外面是咋回事了。

陈宝箴定了调子后，具体的事情就委派给黄遵宪、熊希龄二人负责，熊希龄就任学堂总理（校长），主持大局。学堂的中文总教习为梁启超，中文教习包括谭嗣同、唐才常等；西文总教习为李维格。

黄遵宪28岁时，李鸿章当面向众人狂赞他是"霸才"，29岁随同何如璋（驻日公使）出行日本，34岁调任驻美国旧金山总领事，41岁出任驻英参赞，43岁任驻新加坡总领事。1894年，黄遵宪回国，出任江宁洋务局总办。1895年与康有为提倡变法，同年与梁启超、谭嗣同等人创办《湘报》。1897年，署理湖南按察使，创办时务学堂，并邀请梁启超担任中文总教习。

熊希龄比黄遵宪小22岁，被称为"湖南神童"。25岁时，入翰林院授庶吉士，呼吁维新。26岁投笔从戎，被张之洞委任两湖营务总办。27岁时与谭嗣同等创办时务学堂，出任总理，同年与梁启超、谭嗣同等创办《湘报》。后来成为国民政府总理。

唐才常，当时与谭嗣同被称为"浏阳二杰"。他热衷变法革新，先是积极参与戊戌变法，后来参加革命，1900年时，被张之洞戕杀。

梁启超、谭嗣同等就不用多说了，当时时务学堂的教习们，清一色儒学精英，又几乎清一色的维新派。有什么样的教师，就有什么样的校风，培养什么样的学生。更为难得的是，时务学堂的课程设置，既有新学，也有中国古典经史，还没有极端到五四之时。

五四之后，西风东渐愈演愈烈，似乎中国传统的东西没有一样是好的，甚至一度要取消中国的方块字。赵元任（现代语言学之父）远在美国，不得不写了一篇奇文《施氏食狮史》，全文一个读音，shi。这才阻挡住了那些要把方块字改为拉丁拼音的念头。

艮寅在时务学堂的时间不长，他1898年考入，时务学堂当年就因戊戌政变而停课了。但是，这段时间成功塑造了他的人格与气质——以儒学治国平天下为己任，以维新变法图强为方向。

艮寅因年纪小，身材瘦弱，在起初并没有引起他人格外注意，可是金子就是金子，他很快就引起梁启超的注意。

一次，16岁的艮寅和25岁的梁启超之间，有一段对话：

艮寅："孔子主张大一统，这样才能没有纷乱杀戮。而今，那些贤士大夫都督其督，郡其郡，邑其邑，这不是严重违背孔夫子了吗？"

梁启超："古往今来的强国之所以强盛，都是从割据的小国最后合并成大国开始的。但是中国的情况相反，清帝国政府无能，国权丧失，国家变强不得不从省、州、县开始。"

艮寅虽还是个孩子的年纪，思维之犀利已触及了现实社会的深层次问题。梁启超则还以同样的犀利，直指问题实质。两人平等地就实际问题针砭时弊的讨论，并不鲜见。艮寅看到的是一个学识渊博，学风严谨，令人敬仰的老师。梁启超看到的则是一个有思想深度，令人欢欣的后进。

当时，康有为认为"六经"（《诗经》《尚书》《礼记》《周易》《乐经》《春秋》）都是孔子为托古改制而作，尧、舜等也都是孔子改制假托的圣王。艮寅针对康有为的说法提出了自己的异议："《春秋》非改制度之书，用制度之书也。固自言之矣。曰：'述而不作，信而好古。'又曰：'非天子不议礼，不制度，不考文。虽有其位，苟无其德，不敢作礼乐焉；虽有其德，苟无其位，不敢作礼乐焉。'如视其书为改制度之书，视其人为改制度之人，则孔子不能逃僭越之罪矣。故孔子曰：'知我者，其唯《春秋》乎！罪我者，其唯《春秋》乎！'知我者何？知其为因制度之书，非改制度之书也。罪我者何？罪其为改制度之人，改制度之书也。"

艮寅实际上就是在指责康有为，认为康有为的孔子"托古改制"的观点是荒谬的。梁启超师承康有为，而且就当时的局势来说，康有为也不过是在为维新变法造势而已。所以梁启超批道："此论尤属似是而非。"可是梁启超并不是简单否定艮寅，而是用了1000余字的批语（艮寅的原文才300多字）。与其说是老师在指正学生，不如说是梁启超以平等、平和的口吻与艮寅探讨。

后来，梁启超离开时务学堂，入京参与维新变法。变法失败后，梁启超东渡日本，依旧还没有忘记这个年幼的学生。

艮寅在时务学堂学习之余，还在《湘报》上发表了《后汉书·党锢传书后》《秦始皇功罪论》等文章。这些文章在针砭时弊的同时，也体现出这个年轻人深厚扎实的儒学功底。

更名蔡锷

戊戌变法失败后，梁启超出逃日本。时务学堂一直在鼓吹维新，也被停课。艮寅去湖北武昌，报考两湖书院，结果因为是时务学堂的学生而被拒绝。这时，他收到了梁启超从日本给他的信函，约他前去日本。1899年，在时务学堂教习唐才常的资助下，艮寅前往日本，先后就读于东京大同高等学校、横滨华商东亚商业学校。在日本期间，艮寅受唐才常激进思想的影响，加入自立会。

艮寅在日本期间，列强瓜分中国的势头一浪高过一浪，各国纷纷在中国划分势力范围，抢夺矿藏。甚至，英俄两国自己商量了一下，就把长江流域给划分了。比探囊取物还容易。而清帝国霉烂颓废，加重了百姓的苦难。艮寅无法在日本待下去了，血勇的他挥笔写下"流血救民吾辈事，千秋肝胆自轮囷"的诗句。正巧唐才常要回国，他便随唐才常于1900年4月回到了上海。

唐才常回国，发动了自立军起义。因为起事时间和计划一变再变，最终泄漏，被张之洞屠杀。起事前，唐才常觉得艮寅年幼，派他送信，艮寅幸免于难。可是张之洞的屠刀没有吓倒艮寅，反而激发了他的意气，决心弃笔从戎，并将自己的名字改为"锷"，以明心志。

自立军失败后，蔡锷再次回到日本。蔡锷和老师梁启超有一次长谈，蔡锷表达了自己投身军事以求报国的想法。梁启超很诧异，军事是个专业性很强的职业，自己的这个学生一向体弱，怎么突发奇想？蔡锷平静地回答说："只求先生为我引荐，使我能够学习军事。今后若不能成为一名军人，便不配做先生的门生。"蔡锷一向温文尔雅，可是梁启超听出了平静后面那份坚定。君子成人之美，不成人之恶。梁启超也敬畏自己这个学生的志向，他便转为大力支持。在梁启超的帮助下，蔡锷进入东京陆军成城学校学习，并以优异的成绩考入东京陆军军官学校。

军事理论学习，蔡锷没有丝毫难度。可是军事体能训练却让他吃了苦头，蔡锷本就身体瘦弱，士官学校的训练强度又很大。对这一点，蔡锷早就有了充分的思想准备，"大丈夫当视国如家，努力进行，异日列吾国于第一等强国之列，方不负此七尺躯也。"

事实证明，蔡锷是个能说大话，也能做大事的人。在东京陆军军官学校学习军事期间，他连同蒋百里竟然"迫使"日方学校不得不改变授课规则。原来，在这所军事学校里还有两个中国学生，蒋方震和张孝准。尴尬的是，毕业考试成绩出来后，前三名分别是蒋方震、蔡锷和张孝准。这件事情后，日本士官学校规定，中国学生和日本学生分开授课。

梁启超在日本创办了《新民丛报》，新民取自儒家经典《大学》，用当时时髦的话说，新民就是开启民智。梁启超此时的主张是实行君主立宪，但反对革命手段。蔡锷时常在《新民丛报》上发表文章，寄希望于军事改革达到强国的目的。蔡锷此时的思想和梁启超相同，并没有后来革命的具体想法。

戎职云南

1904年初，蔡锷从日本士官学校毕业，随即返回祖国。此时的中国，各省都在热火朝天地编练新军，蔡锷专业对路，成为稀缺资源。同时，蔡锷的名声也已经传开，少小聪慧，见识不凡，学业优异，作风过硬。所以蔡锷并没有费心去找工作。先后在江西、湖南做了一些新军训练的职务后，蔡锷便真正在军界立足，并发展成近代革命不可或缺的人物，这也是基于一个人，李经羲。

李经羲，安徽合肥人，李鸿章三弟李鹤章之第三子。蔡锷回国时，李经羲正在广西任巡抚。他上奏朝廷，要求调蔡锷到广西新军任职。可是当时想争取蔡锷的并不仅是李经羲一人，还有两位大员，盛京将军赵尔巽和湖南巡抚端方。

赵尔巽是一位学者型官员，出身翰林，1911年出任东三省总督。赵尔巽卸任后，潜心修史，历经三年，在几乎费用经常无着落的条件下，费尽心血一力促成《清史稿》的面世。

端方，满洲正白旗人，官至直隶总督、北洋大臣，主张君主立宪。一次慈禧问他："你看新政还需要办什么？"端方说："尚未立宪。"慈禧问："立宪有什么好处？"端方回答说："皇位可以世袭罔替。"

有了这两位竞争对手，李经羲想得到蔡锷也得费一番周折。他亲自给赵尔巽和端方写电报文稿，先摆明实际需要，广西地处边境，西接越南，南临海防也吃紧，需要蔡锷这样有见识、有本领的人来保卫国防。接着又打同情牌，说是希望赵尔巽和端方宽宏大量，有成人之美的品德。蔡锷经过权衡，也觉得李经羲可以倚重，能够施展自己的抱负。蔡锷随即前往广西。后来的势态发展，证明了蔡锷选择得极其正确。

就这样，23岁的蔡锷一到广西就得到了李经羲的信任与器重，被任命为广西新军总参谋官兼总教练官，同时兼任广西测绘学堂堂长、广西陆军讲武堂总办等职。蔡锷内心感激李经羲的知遇之恩，在广西的三年里，全身投入新军的训练和人才培育上。

在1907年，清帝国政府要求广西在5年时间内，完成一镇新军的编练。但是广西地方政府自己并没有当回事，广西实在太穷，一年的财政收入也就300万两银子，一镇新军的费用就得用掉一半，根本无力支撑。军事人才的培育也不理想，讲武堂聘请日本原孝太郎为总教习，结果十多个日本教习跋扈骄纵，把讲武堂弄得乌烟瘴气。蔡锷依旧精神饱满，不怨不尤。兵士训练场上，蔡锷脚穿锃明瓦亮的长统马靴，腰挎指挥刀，兵士训练一丝不苟，一派飒爽英姿。偏偏这样一个英俊潇洒的人还满腹才学，军事技能娴熟，被赞誉为"人中吕布，马中赤兔"。

1907年，李经羲离开广西，继任广西巡抚张鸣岐委任为广

西陆军小学总办,后来著名的"桂系三雄"李宗仁、白崇禧、黄绍竑都在此学习。李宗仁后来回忆说,当时他对蔡锷这位总办奉若神明。

可是蔡锷在广西待不下去了,广西革命党人极力排斥这个外乡人。就任云贵总督的李经羲再次向蔡锷发出邀请,约他去云南新军任职。这次李经羲下了血本,力排众议,调任蔡锷就任云南新军19镇37协协统(旅长)。当时有人告诫李经羲,说蔡锷在讲武堂多与革命党交往,要李经羲提防蔡锷。甚至云南新军第19镇总参议靳云鹏特意劝解李经羲,不要重用蔡锷、李根源等人。可是李经羲没听。后来也正是这两人领导了革命。后世有人说李经羲自掘坟墓,李经羲首先是个儒家士人,然后才是个官僚,他是努力促成有才之人为国效力。对于蔡锷的举动,他并非一无所知,爱才之心使他选择了睁一只眼闭一只眼。

1911年7月,清帝国政府正式任命蔡锷为新军第19镇第37协协统。那时,清帝国虽说要在全国建立新军36镇,可是实际并未能实现这一目标,直到清帝国倾覆之时,也只建成26镇,还包括未满员的镇。蔡锷此时得任协统,已经属于高层军职了。而他关于军事改革的想法,也开始付诸于实施。

蔡锷戎职云南时,英国侵略势力正在通过缅甸向中国渗透。局势动荡,人心不稳,李经羲让蔡锷做一个鼓舞军人精神的讲话,蔡锷没有慷慨激昂,而是沉下心来历经三月著作《曾胡治兵语录》一书。这本兵书的影响很大,以至于1924年被广州黄埔军校采用为教材。

重九起义

有人说,蔡锷一生就做了两件事,一是领导了云南新军推翻清帝国的重九起义，二是领导了反对袁世凯独裁的护国运动。这种说法并无什么不妥，可是反清、反袁的人多了，蔡锷名声彰显，自有他的特质原因。

早在武昌起义之前，蔡锷已经和革命党人交往过密了，他和唐继尧、李根源、李烈钧、方声涛、罗佩金、张开儒等都有往来。但蔡锷此时并没有下定决心革命，他依旧寄希望于自上而下的改良，如英国、日本，如此不但能够达到富国强兵的目的，而且能使民众免于涂炭，是受苦最小的改变方式。蔡锷的这种悲天悯人的情怀，贯穿了他短暂的一生。他向革命党人表示："时机不到干不得，时机成熟绝对同情支持。"

1911年10月10日，武昌起义爆发，云南革命党人酝酿已久的情绪终于爆发。在革命党人的第四次秘密会议上，蔡锷被推举为起义临时总司令。蔡锷于28日部署起义作战计划，29日前往巫家坝开会落实，30日晚起义爆发。经过一昼夜的激战，占领了云贵总督府。1911年11月1日，云南军政府宣布成立，公推蔡锷为云南都督，李根源为军政部长兼参议院院长。

这其中还有一个插曲，那就是蔡锷如何对待云贵总督李经羲。李经羲既有思想开放的一面，要不他就不会那么重用人才了，又有保守的一面，忠于垂死的清帝国。他对蔡锷还有实实在在的知遇之恩。蔡锷如何对待自己的恩人兼政敌呢？

蔡锷决定起义前，第一个念头是争取李经羲，并愿意拥护他为云南都督。但是李经羲非常干脆地拒绝了，"朝廷命官，岂可犯上？"杀掉李经羲这个念头，在蔡锷的头脑中就从来没有出现过。可是起义军攻打总督府已然箭在弦上。李经羲的答复虽然并不出乎蔡锷意料，可是这就让蔡锷犯难了。蔡锷不得不再费一道周折，把李经羲从总督府中诱出，让他躲藏到法国驻昆明的领事馆中。一切安顿好之后，蔡锷才开始下令攻打没有了总督的总督府。

战事毫无悬念，新军胜利，云南独立。这个时候，蔡锷又想到了李经羲，希望这位清帝国的总督能够成为独立后云南的都督。李经羲依旧坚拒。蔡锷只好礼送李经羲一家离开云南，李经羲一家带上私有财产得以安然无恙地离开。这位年轻的云南都督亲自带领一队人马，步行跟随在李经羲的轿子旁边，一直护送到火车站。又怕路上不太平，蔡锷命令一连士兵随车护送，直到上海。

蔡锷的儒学功底深厚，形成了他仁义立身的秉性。直到后来的护国运动中，理性不滥杀，救国不谋私利，一直是蔡锷的坚定主张。

云南胜利后，蔡锷随即命令云南新军8个营的兵力入川，帮助四川的独立运动。并在云南大刀阔斧地兴利除弊，使云南成为新兴之地。

1911年12月29日，孙中山就任中华民国临时大总统，中华民国成立了。在一片欢呼声中，蔡锷编纂了数万言的《五省边防计划》。他敏锐观察到英国对西藏的垂涎，法国对中国西南的蠢蠢欲动，"内讧未靖，外患思乘"。蔡锷呼吁滇、川、黔、桂、粤五省实行军事联合，以便随时抗击英法侵略者的军事侵略，保卫新生的共和国。

只可惜，草台班子一样的中华民国还未真正胜利就开始陷入内斗，袁世凯窃国后，民国危在旦夕。宋教仁的被杀，也彻底暴露了袁世凯

303

的面目，蔡锷希望民国能完成统一，实现民众安居，国家富强的念想破灭，不得不挺身反袁，全力护国。

护国运动

蔡锷对袁世凯的倒行逆施失望透顶，通电全国痛斥袁世凯。可是蔡锷的第一选择依旧不是诉诸武力，他的第一选择是通过法律途径。如此犀利的冷静，如此重视法律精神的思想，不要说在当时的军人当中，放眼全国也不多见。反而是通过武力护国的名义，发展自己势力范围的居多。

当时袁世凯是名义上国会选举出来的正式总统，既然国会还在正常运行，那么反对袁世凯就应当通过国会，用法律程序来完成（依据《临时约法》，总统如果有谋叛行为，应由参议院弹劾），而不是因为反对就诉诸武力。蔡锷担心，一旦刀兵相向，新生的民国也将不复存在，并且又会重蹈五代十国的局面，将给后世不尊重法律留下榜样和祸患。

正是出于这样的考虑，1913年5月17日，蔡锷联合四川、贵州、广西三省，反对战争。而当时孙中山和黄兴两个领导人的意见也不统一，孙中山是坚决武力讨伐袁世凯，黄兴等人则倾向于和平方式，在不破坏《临时约法》的前提下，以法律方式抗争。黄兴的态度和蔡锷相同。讨伐袁世凯的二次革命很快就失败了，各省纷纷取消了独立。

袁世凯镇压二次革命胜利后，得意洋洋，给北洋军将领颁发勋章。一直反对二次革命的蔡锷通电告诫袁世凯：这本是一次无可夸耀的同胞战争，你现在颁发奖章给同室操戈者，难道是想鼓励戕害同胞的行为吗？！

袁世凯也知道蔡锷的影响力，他先把蔡锷调入北京。袁世凯的想法很简单，能为我所用最好，不能为我所用就废了你。蔡锷在北京半年的时间，就主持编印了《中国历代经界纪要》《各国经界纪要》两大本著作。孟子说："得志，泽加于民；不得志，修身见于世。"蔡锷就是这样的人。

可是，权力的欲望能让一个人失去理智，彻底疯狂，袁世凯就是。他不想做有任期的总统了，他想当皇帝了。1915年，袁世凯接受日本的"二十一条"，以求得到日本对其称帝的支持。蔡锷怒不可遏，一改素日的韬光养晦，在参议院慷慨激昂，痛诉"二十一条"的祸国殃民。就在此时，蔡锷萌生了武力倒袁的决心，国贼不除，永无宁日！

远在美国的黄兴也给蔡锷来电，劝说蔡锷离京讨袁。可是蔡锷如何逃离袁世凯的虎口呢？于是蔡锷和小凤仙的传说便流传开来，并且这还是蔡锷故意弄得满城风雨的。

蔡锷为了麻痹袁世凯，索性不问政事，晚上则去了北京有名的特殊服务行业集散地——八大胡同。在这里，他为妓女小凤仙赎身，并且花巨资买下豪宅，一副乐不思蜀的架势。可是，蔡锷此时的家眷和老母亲也是在北京的，于是又闹出一出"蔡夫人痛斥不良夫，正房太太争斗外宅女眷"的超猛新闻。

打闹之后，蔡锷母亲和家眷携带家私细软愤怒出京，回到老家湖南。这都是蔡锷为自己脱离虎口的提前安排，袁世凯却以为蔡锷流连于温柔乡了，这小子，家事闹得不可开交，看你还有精力来管我的闲事。

蔡锷也趁机提出去天津就医，休假一周。蔡锷的咽喉病是众所周知的，袁世凯就准许蔡锷赴天津养病。12月初，蔡锷以养病为名，登上"山东丸"号，前往日本。后经上海、香港、河内，于19日回到昆明。

蔡锷回到昆明的时候，袁世凯已经做了7天"洪宪"皇帝了。23日，蔡锷以云南都督名义通电全国，斥责袁世凯并要求他撤销帝制，恢复民国与《临时宪法》。护国运动开始。

谁来领导护国军呢？人选有二，蔡锷与唐继尧。两人一番相互推让后，蔡锷一句"我来非占位置，乃为国家民族效力耳"定了下来，唐继尧为云南都督，蔡锷为第一军司令。

1916年元旦，蔡锷在昆明誓师，宣布讨伐袁世凯。蔡锷还与唐继尧约定，此次运动"一绝对不争权利,一不作亡命之想,果若战败,惟有全军战死"。蔡锷早在5年前,编纂《曾胡治兵语录》时,就推崇曾胡二人的"血勇"之说,如今5年过去了,蔡锷血勇一如当初!

蔡锷率第一军约8000人入川。蔡锷的战略是,谋定四川,而后东下湖北。可是战争才开始,蔡锷与唐继尧的矛盾就越来越大。蔡锷的目的是推倒袁世凯,恢复民国共和。唐继尧的目的是,趁着乱世扩大地盘,以作为进退的资本。这就决定了两人不可能在同一个战壕,齐心杀敌。

蔡锷在四川与数倍于己的北洋军作战,唐继尧却不供应粮饷弹药,蔡锷一连数次催促,结果竟是"迭电哀恳,究未照办"。后来还是得到孙中山的援助,才得以避免弹尽粮绝的地步。蔡锷稍事休整后,立即展开对北洋军的反扑,连连大捷。蔡锷所率军队,被认为是护国战争各军中,计划制订、组织协同、作战实施,最为有秩序、最为果决的。

一波未平,一波再起。唐继尧主张四川战场应该自西向东,经汉源、雅安攻取成都,然后由成都向东、南进击全面占领四川。蔡锷坚决反对,蔡锷的主张是从重庆突破,占领重庆,就阻断了北洋军与四川的交通,这才是根本。

两人的分歧依旧是救国和占领四川之争。正在这时,袁世凯死了。护国军的北伐也就停止了,停止的还有蔡锷与唐继尧的争论。

袁世凯死后,民国继任总统黎元洪任命蔡锷为四川督军兼省长。护国战争之前,蔡锷就表明自己不是来抢位置的,如今战事结束,蔡锷立即身退,丝毫不在意什么四川督军兼省长的官职。

英年早逝

1916年9月，蔡锷前往日本就医。临行前，劝说唐继尧将四川的云南新军撤回。他言辞恳切地劝诫唐继尧："我们的主张，是为国家而不为私利，历来如此。现在袁世凯也死了，云南新军就应该退回，况且，久占四川必然会与川军起摩擦。"但唐继尧在大云南的皇帝梦上已然难醒，一如洪宪皇帝袁世凯。

1916年11月8日，"护国军神"蔡锷因病不治，长逝于日本福冈，时年34岁。1917年4月12日，蔡锷遗体按国葬规格葬于湖南长沙。孙中山书写挽联：平生慷慨班都护，万里间关马伏波。

参考文献

[1] 林乾，迟云飞.曾国藩大传［M］.天津：百花文艺出版社，2019.

[2]（清）曾国藩.曾国藩家书［M］.檀作文，译注.北京：中华书局，2017.

[3]（清）曾国藩.曾文正公全集［M］.李瀚章，李鸿章，编.北京：中国书店出版社，2015.

[4] 张宏杰.曾国藩传［M］.北京：民主与建设出版社，2018.

[5]（清）胡林翼.胡林翼集［M］.长沙：岳麓书社，2008.

[6][美]费正清.剑桥中华民国史［M］.北京：中国社会科学出版社，1994.

[7] 张宪文.中华民国史[M].南京：南京大学出版社，2006.

[8] 马勇.晚清二十年[M].北京：人民文学出版社，2010.